NOTICE BIOGRAPHIQUE

CONTENANT

LA NOMENCLATURE GÉNÉRALE

DES

PRINCIPALES DIFFICULTÉS

Survenues entre MM^{rs} nos ex-Éditeurs et nous, etc.,

DE

1878 A 1884

PAR

Augustin BABIN.

Tirer profit d'un faux, pour voler son semblable,
Fut en tout temps, Lecteurs, un vice abominable.

A. B.

1884

SAINT-MALO

IMPRIMERIE J. HAIZE

Rue Robert-Surcouf.

DÉDICACE

Cette notice biographique est dédiée à tous nos Lecteurs.

Augustin BABIN.

NOTICE BIOGRAPHIQUE

DON AFFECTUEUX

Fait à cette

BIBLIOTHÈQUE

PAR

L'AUTEUR SOUSSIGNÉ.

NOTICE BIOGRAPHIQUE

CONTENANT

LA NOMENCLATURE GÉNÉRALE

DES

PRINCIPALES DIFFICULTÉS

Survenues entre MM^{rs} nos ex-Éditeurs et nous, etc.,

DE

1878 A 1884

PAR

Augustin BABIN.

Tirer profit d'un faux, pour voler son semblable,
Fut en tout temps, Lecteurs, un vice abominable.

A. B.

SAINT-MALO

IMPRIMERIE J. HAIZE

--

1884

AVIS

ADRESSÉ A MM. LES LIBRAIRES-ÉDITEURS

DE PARIS ET DES DÉPARTEMENTS

Pour toute demande de tirage de l'un quelconque des écrits désignés dans la page *six*, s'adresser à M. le Typographe de la rue du Bac, 83, à Paris, qui en possède tous les clichés, et a pris, avec l'auteur, l'engagement formel de faire (lui et ses successeurs) tous les tirages qui leur seront commandés par tous *libraires-éditeurs* quelconques de Paris et des départements, de l'un quelconque des écrits désignés dans la page suivante.

Dans *l'intérêt pécuniaire* de MM. les *libraires-éditeurs* en question, tous ces tirages seront faits à 50 % au-dessous des prix de vente désignés dans le catalogue de la dite page *six*, et puis, ensuite, livrables *(franco)* convenablement brochés, avec une couverture à la convenance de Celui qui en aura fait la commande. Cela, à la *seule* condition expresse que chaque commande sera de 210 exemplaires au moins. Naturellement, le *nom* et l'*adresse* de la *librairie* qui aura fait la commande, seront mis au bas du grand titre de chaque volume commandé.

Pour tout papier plus cher que *celui* de ce volume (14 francs la rame), le prix supplémentaire du papier demandé par M le *libraire-éditeur* qui fera la commande, sera remboursé à M. le Typographe, et le prix du volume, dans ce cas, sera mis entièrement à la disposition de Celui qui en aura fait la dite commande.

Approuvé l'avis ci-dessus,　　*Approuvé l'avis ci-dessus,*
　　CHARLES UNSINGER.　　　　AUGUSTIN BABIN.

CATALOGUE GÉNÉRAL DES OUVRAGES DE L'AUTEUR

avec leur prix de vente, étant tirés sur papier de 14 fr. la rame.

Ouvrages faisant partie du domaine public depuis le 27 mai 1882.

	fr. c.
Guide du Bonheur. 1 vol. in-18 (jésus), br	1 60
Philosophie spirite. 1 vol. in-18 (jésus), br ..	2 00
Notions d'astronomie, etc. 1 vol. in-18 (jésus), broché	2 00
Véritable catéchisme universel. 1 vol. in-32, broché	1 50
Encyclopédie morale. 1 fort vol. in-32, br...	1 70

Ouvrages devant faire partie du domaine public après le décès de l'auteur.

Guide de la Sagesse. 1 vol. in-18 (jésus), br..	1 60
Poème psychologique. 1 vol. in-18 (jésus), broché	1 00
Poème astronomique. 1 vol. in-18 (jésus), broché	1 40
Trilogie morale, comprenant les trois volumes précédents, plus un important Préambule. 1 fort vol. in-18 (jésus), broché..................	3 50
Les deux Antipodes. Brochure in-18 (jésus) de 36 pages, plus une couverture. Brochée.........	0 50
Brochure scientifique et morale, in-18 (jésus), avec une couverture. Brochée.............	1 00
Le véritable Régénérateur scientifique et moral. 1 vol. in-32. Broché...............	1 50
Allocution à notre Curé. Cent exemplaires..	1 60
Tableaux astronomique et synoptique collés sur carton de 19 centimètres sur 24 centimètres et à bordures dorées	0 55
Double grand tableau synoptique (États d'Europe et départements français). Dimension : 55 centimètres sur 72 centimètres...............	0 40
Grand tableau d'instruction morale et scientifique. Même dimension et même prix que le précédent.................	0 40

PREMIER AVIS

De nos humbles écrits, nous vous donnons, Lecteur.
La nomenclature, dans la page antérieure.
Si vous les consultez, vous pourrez y trouver
Le seul et vrai bonheur qu'il nous faut désirer :
Celui qui nous apprend à nous rendre meilleurs,
Afin de devenir des Esprits supérieurs,
Qui n'ont plus à souffrir dans leurs incarnations
Les peines qu'ici-bas, nous tous, nous éprouvons.

TROISIÈME AVIS

Tout homme un peu sensé,
Doit toujours désirer
De pouvoir progresser ;
C'est une vérité.

Pour cela, cher Lecteur,
Il lui faut, à toute heure,
Augmenter tout de bon,
Son amélioration.

DEUXIÈME AVIS

L'humanité, Lecteurs, est une école humaine.
Qui permet à *l'homme* de changer de domaine ;
Laissant un monde humain plus ou moins inférieur.
Il va dans un autre d'un degré supérieur (1).
Cette progression là (c'est à peu près certain).
Nous permet d'habiter tous les mondes humains
Qui se trouvent compris dans notre firmament.
Et se trouvent avoir des degrés différents. . A. B.

---

(1) Ce changement, pour nous tous, ne peut se produire (quand nous
l'avons mérité) qu'après avoir passé, à l'état d'Esprit, un temps plus ou
moins long dans le monde des Esprits.

AVERTISSEMENT

A NOS LECTEURS

Ce n'est pas sans le regretter vivement que nous faisons paraître cette *nouvelle* NOTICE BIOGRAPHIQUE (1) (divisée en deux parties, complétant et comprenant notre précédente, publiée dans le cours de l'année 1880), non-seulement parce qu'elle nous est personnelle, mais encore à cause de notre *sincère* et *pur* attachement à notre consolante Doctrine spirite, essentiellement *régénératrice ; seulement, votre estime à tous, chers et bien-aimés Lecteurs, nous est tellement précieuse, que nous considérons comme un devoir d'anéantir, tout autant que possible, toutes les préventions qui pourraient nous l'aliéner,*

---

(1) Sans doute, cette *nouvelle* NOTICE BIOGRAPHIQUE déplaira beaucoup plus que la précédente, à tous Messieurs nos *ex-éditeurs* de la rue Neuve-des-Petits-Champs, 5, à Paris. Nous le regrettons infiniment pour ces Messieurs ; mais notre conscience et notre honneur nous imposent forcément le devoir obligatoire de donner, *franchement* et *loyalement*, l'explication de tous les différents qui ont existé entre ces Messieurs et nous. Cela est d'autant plus obligatoire pour nous, que si nous avions renoncé à en agir ainsi, il aurait pu en résulter pour nous un déshonneur *immérité* et par conséquent le plus fâcheux des discrédits retombant sur tous nos humbles travaux littéraires, qui, vu notre faible intelligence, nous ont exigé un travail assidu de plus de 20 années consécutives, et de plus de 35,000 francs de dépenses. D'autant mieux que nous avons l'intime conviction, que *ceux* de nos Lecteurs à qui nous sommes sympathiques, nous seront reconnaissants de leur faire connaître les *tristes aménités,* à notre égard, de Messieurs nos *ex-éditeurs,* tristes continuateurs de la Société d'Allan Kardec, dont nous nous honorons d'avoir fait partie du temps de l'illustre et immortel innitiateur de la Doctrine spirite, et dont, malheureusement, nous

si la vérité ne vous était pas connue. Là, seulement. est *l'unique* motif qui nous a décidé à faire paraître cette *nouvelle* NOTICE BIOGRAPHIQUE, dans le but de vous donner l'explication des graves difficultés qui ont existé entre MM. nos *ex-éditeurs* et nous, de 1878 à 1884. Seulement, notre volonté absolue étant de vous laisser *juges souverains* des faits (fort regrettables sous tous les rapports) qui ont, forcément, donné naissance à une scission de plus en plus complète, entre ces dits Messieurs et nous : nous nous contenterons donc de vous donne.., purement et simplement (comme premiers renseignements), les trois communications suivantes : 1° celle de notre testament olographe du 1er mars 1878 ; 2° celle qui concerne tout ce qui se rapporte à nos

---

avons continué à faire partie après son décès. Nous disons malheureusement, parcequ'après lui, la dite Société a complètement déchue, administrativement et moralement ; son administrateur-gérant étant absolument antipathique à la très honorable veuve du Maître, ainsi qu'à l'honorable M. Levent, qui était vice-président de la dite Société du temps d'Allan Kardec ; lequel M. Levent, peu de temps après le décès du Maître, a donné sa démission de membre de la sus-dite société ; laquelle démission a été motivée par lui (et cela, avec toute raison ; ce dont nous n'avions pas connaissance alors) d'une manière peu honorable pour la dite Société, dont, malheureusement encore, nous avons continué à faire partie après son départ, qu'il aurait été, assurément, très-heureux pour nous d'imiter à cette époque. Cela. positivement, nous aurait évité les nombreux et tristes désagréments que nous avons éprouvé depuis, avec cette sus-dite Société absolument indigne de continuer l'œuvre du Maître ; puis, ensuite, avec deux personnes en qui nous avions mis toute notre confiance pour défendre notre cause. derniers désagréments qui nous ont mis dans l'obligation de renoncer à nous faire rendre justice.   A. B.

deux *réunions générales annuelles* de 1878 et 1879 ;
3° celle, enfin, qui se rapporte à notre correspondance (celle que, par extraordinaire, nous avons eu la chance de conserver) avec M. Leymarie, administrateur-gérant de la librairie psychologique, 5, rue Neuve-des-Petits-Champs, à Paris ; sa dernière lettre du 8 septembre 1880, ayant définitivement occasionné une scission pour ainsi dire complète ; ainsi que le prouve notre réponse du 13 du même mois, terminant la *première partie* de cette NOTICE BIOGRAPHIQUE. Quant à la *seconde partie* destinée à faire connaître tous les faits plus ou moins regrettables qui se sont produits depuis, nous agirons, à très peu près, comme pour la *première partie*. Si nous disons ici, à très peu près, c'est parceque notre conscience nous impose l'absolue obligation de faire connaître nos sentiments les plus intimes, concernant les tristes et regrettables faits, qui se sont produits du 10 juin au 22 juillet 1884 ; date de la fin définitive de notre procès, ainsi que le désigne la réponse suivante (voir, à la fin de cette NOTICE BIOGRAPHIQUE, la lettre à laquelle nous avons répondu). adressée à M. P. Clouvet, notre avocat consultant.

Ancien casino de Saint-Malo, le 22 juillet 1884.

A Monsieur P. Clouvet, avocat,

Monsieur,

Je viens de recevoir votre honorée du 21 courant, dans laquelle j'accepte vos observations concernant les ENNUIS que la voie correctionnelle est susceptible de me causer.

Pour les éviter et en finir, une fois pour toutes, je prends l'engagement, sur l'honneur, de renoncer à toutes poursuites *judiciaires* quelconques. La brochure que j'ai l'intention de faire paraître, suffira grandement pour me blanchir aux yeux de tous mes Lecteurs, concernant l'engagement que je prends ci-dessus.....

D'après cela, veuillez donc je vous prie, Monsieur, retirer ou faire retirer mon affaire, du rôle qu'elle occupe à la 6e chambre du tribunal civil. Puis, ensuite, Monsieur, je compte essentiellement sur vous, pour me renvoyer d'ici la fin du présent mois, *toutes* les pièces de mon ex-procès à partir de ce jour, que je vous ai confiées en juin 1882.

Je le répète, Monsieur, je compte essentiellement sur vous, pour me faire cet envoi le plus tôt possible, en ayant un pressant besoin pour la composition de ma brochure sus-désignée.

Quant à la *transaction* dont vous me parlez, je la refuse, Monsieur, de la manière la plus absolue, comme étant déshonorante pour moi.

Veuillez donc avoir l'obligeance de ne jamais m'en parler à l'avenir ; tous vos avis, m'engageant à l'accepter, ne pouvant être considérés par moi (s'ils devaient se continuer), que comme des insultes complètement *imméritées* et certainement des plus *injustes*. Quand ma conscience et mon honneur se trouvent engagés, pour moi, Monsieur, l'argent n'a absolument aucune valeur ; libre à Messieurs mes *ex-éditeurs* d'en agir autrement, c'est leur affaire. Quant aux honoraires de Monsieur mon ex-avoué, M. René Marin, veuillez, je vous prie, lui recommander de m'en adresser le montant le plus tôt possible ; somme que je lui adresserai en un mandat sur la poste, par le retour du courrier, aussitôt qu'il me l'aura fait connaître.

J'ai l'honneur de vous saluer.   Augustin BABIN.

Maintenant, chers et bien-aimés Lecteurs, *à vous seuls appartient le droit*, une fois que vous aurez pris connaissance de cet écrit, de *juger* de quel côté se sont trouvés les torts, et, de plus, apprécier leur juste valeur.

Votre tout dévoué frère spirituel, qui vous désire à tous : SANTÉ, PROSPÉRITÉ et BONHEUR.

Augustin BABIN.

Fin de cet avertissement.

PREMIÈRE PARTIE

CONTENANT

LA NOMENCLATURE GÉNÉRALE

Des principales difficultés

Survenues entre MM. nos ex-éditeurs et nous

DE

1878 à 1880

ANNÉE 1878

NOTRE TESTAMENT OLOGRAPHE

Du 1er mars 1878 (1).

Je soussigné, Augustin Babin, né le 27 mai 1820, à Trepsec, commune de Cherves, canton et arrondissement de Cognac (Charente), étant sain d'esprit, ai fait, conformément à *l'engagement solennel* que j'ai pris jadis en renonçant à toute union matrimoniale, mon testament olographe comme suit :

Je donne et lègue, comme *don inaliénable*, pour en jouir immédiatement après mon décès, avec les arrérages échus alors, *tout mon avoir*, tel qu'il se composera après mon dit décès, une fois tous les frais payés, le tout réduit en rente *inaliénable* sur l'État, à la Société pour la continuation des œuvres spirites d'Allan Kardec, anonyme et à capital variable de *quarante-deux mille francs*, dont le siège

---

(1) Copie conforme de ce testament a été adressée à la Société pour la continuatio des œuvres spirites d'Allan Kardec et à la mairie du *cinquième* arrondissement de la ville de Paris, le 2 mars courant.

est actuellement rue de Lille, 7, à Paris ; à la charge :

1º De compter le premier décembre de chaque année, à partir de l'année de mon décès, et cela *uniquement au nom* de la Société sus-désignée, *deux mille francs* à la caisse des Écoles et des Salles d'asile du *cinquième* arrondissement de la ville de Paris, pour être spécialement employés à acheter des objets d'habillement pour enfants de *deux* à *douze* ans ; lesquels doivent être distribués, au plus tard, dans la première quinzaine de janvier de chaque année, aux enfants sus-désignés et les plus nécessiteux d'entre eux. Cette condition est formelle et obligatoire.

2º De verser le premier janvier de chaque année, à partir de l'année de mon décès et cela en mon nom, *trois cents francs* dans chacune des deux caisses de bienfaisance (matérielle et spirituelle), offertes à la Société par son comité de surveillance et acceptées par elle ; ainsi qu'en fait foi le *procès-verbal* de notre assemblée générale ordinaire de juillet mil huit cent soixante-dix-sept. Ces deux caisses naturellement devront être toujours conservées par ladite Société, sans quoi les deux dons de *trois cents francs* chaque, attribués à ces deux caisses, reviendraient de droit à la caisse des salles d'asile et des écoles sus-désignées.

3º Le surplus de la rente *inaliénable* sur l'Etat, quel qu'il soit, pour être employé, comme le jugeront le plus à propos MM. les Membres de la Société pour la continuation des œuvres spirites d'Allan Kardec, dans l'intérêt de la propagation de notre *bien aimée* Doctrine spirite, essentiellement régénératrice. Ce dernier don est fait, à la condition expresse de compter à Noël de chaque année, à partir de l'année de mon décès, dans le cas où je viendrais à décéder avant elle, une rente viagère de *quatre cents francs* à ma servante Marie, veuve de Jean Gros, à la condition, bien entendu, qu'elle restera avec moi ma vie durant. Dans ce cas, tout mon mobilier (sauf tous mes écrits et leurs clichés, ma bibliothèque, mes cartes et tableaux, mes deux globes, mon baromètre métallique, mon horloge et mon coffre-fort ; le tout revenant de droit à la Société pour la continuation des œuvres spirites d'Allan Kardec), deviendra sa propriété intégrale aussitôt après mon décès.

J'entends et j'exige formellement qu'on fasse subir la crémation à mon cadavre, si cela est possible, et, dans le cas contraire, que mon enterrement soit purement civil et sans mausolée aucun.

Je révoque et annule tous testaments antérieurs, quels qu'ils soient.

Telles sont mes dernières et suprêmes volontés que j'ai écrites, datées et signées de ma main.

Fait à Paris, boulevard du Port-Royal, n° 84, ce jour *premier mars mil huit cent soixante-dix-huit.*

Augustin Babin.

P.-S. — Je prie Monsieur l'Administrateur-Gérant de la Société pour la continuation des œuvres spirites d'Allan Kardec, et Monsieur le Caissier des Écoles et des Salles d'asile du *cinquième* arrondissement de la ville de Paris, à l'époque de mon décès, de vouloir bien être *gratuitement* mes exécuteurs testamentaires, ce dont je les remercie infiniment d'avance.

Leur tout dévoué frère spirituel.

A. B.

RÉUNION GÉNÉRALE ANNUELLE

de cette année 1878.

Explications données à Messieurs nos coassociés pour la continuation des œuvres spirites d'Allan Kardec, se rapportant à notre démission de membre du Comité de lecture, donnée en janvier 1878, et actuellement de membre du Comité de surveillance.

CHERS COASSOCIÉS ET F. E. C.,

Dans ces explications, je prendrai d'abord la liberté de vous signaler le sérieux et puissant motif qui m'a engagé à donner, en janvier 1878, ma démission de membre du Comité de lecture. Ce motif est la décision prise par ledit Comité, dans la première quinzaine de janvier 1878, se rapportant au changement d'imprimeur pour la Revue spirite et cela, sans m'en donner aucunement connaissance : lequel changement me mettait, à cette époque, dans la plus triste et la plus pénible position possible

vis-à-vis de M. Ch. Unsinger, l'imprimeur aban-
donné.

Comme preuve de ce que j'avance, je vous ferai
remarquer que, à cette dite époque, je me trouvais
engagé avec ledit M. Ch. Unsinger pour *deux mille
francs* de travaux environ qu'il avait commencés
(mon *Catéchisme universel* et mon *Guide du bonheur*); travaux sur lesquels, s'il avait voulu agir de
rigueur, comme on avait agi à son égard, il pouvait
me réclamer le prix le plus fort (voir même un prix
exagéré), au lieu du prix le plus doux, comme cela
était verbalement convenu entre nous ; ce qui, alors,
m'aurait valu une perte d'un tiers ou d'une moitié
de ce que cela m'a coûté, soit *sept cents francs* ou
mille francs, c'est-à-dire à peu près le double du
bénéfice fait par la Société. Vous pensez peut-être
bien, Mesdames et Messieurs, que dans ce cas, j'aurais pu refuser une semblable augmentation ;
aurais-je dû avoir recours aux tribunaux pour cela ?
Je vous ferai remarquer que cela ne m'aurait pas
été possible, par une raison des plus sérieuses.
Cette raison, la voici : c'est que l'augmentation
n'aurait pas été assez forte pour pouvoir réclamer
avec toute sûreté ; d'autant plus que, quelques jours
auparavant la décision prise par le Comité de lecture, j'avais écrit à M. Ch. Unsinger la lettre dont
je vous donnerai lecture tout-à-l'heure, lettre avec
laquelle il aurait pu prouver, en plein tribunal, que
je lui avais fait des menaces après lui avoir fait le
mal ; ce que ledit tribunal, avec toute justice appa-

rente, aurait certainement jugé *comme étant la conduite la plus vile possible.* Vous voyez donc qu'il ne m'aurait pas été possible de pouvoir réclamer. Quant au *post-scriptum* de la lettre que M. P.-G. Leymarie a adressée à M. Ch. Unsinger, pour lui annoncer la décision prise à son égard *(post-scriptum* mentionnant que je n'avais aucunement participé à la décision prise par le Comité de lecture), quelle croyance pouvait-il lui accorder, après ce qui s'était passé ? Certainement aucune, sans qu'on puisse même lui en faire un reproche, ainsi que vous allez en être convaincus, après la lecture de la lettre sus-désignée et que voici :

A Monsieur Charles Unsinger, typographe,

rue du Bac, 83, ce jour 6 janvier 1878.

Monsieur,

Il y a plus d'une quinzaine, une promesse formelle m'avait été faite qu'on m'enverrait, sous deux ou trois jours au plus tard, la première feuille de mon *Guide du bonheur,* mis en composition depuis un mois environ, ce qui n'a pas eu lieu. *Donc, pure et première mystification.*

Avant-hier, 4 janvier 1878, nouvelle promesse formelle m'a encore été faite de m'envoyer, le lendemain sans faute, ladite première feuille en question ; ce qui, de nouveau, n'a pas eu lieu. *Deuxième mystification.*

Je vous avoue, Monsieur, qu'une semblable conduite à mon égard, me paraît dépasser la plaisanterie et m'oblige à vous rappeler que de telles mystifications ne s'adressent pas seulement à M. Augustin Babin, humble auteur, mais bien à un actionnaire de la Société de la rue de Lille, nº 7, qui, en outre, a l'honneur de faire partie de son *Comité de surveillance...*

Veuillez, je vous en supplie, cher Monsieur, dans votre propre intérêt, ne pas me mettre dans la triste obligation de prendre une décision regrettable et qui me serait excessivement pénible ; mais qui, cependant, deviendrait obligatoire, si de semblables mystifications devaient continuer (1).

Tout hier, 5 courant, je suis resté chez moi toute la journée, m'attendant à recevoir, à toute instant, l'envoi promis d'une manière si formelle, comme vous le savez vous-même ; cependant, comme moi, vous n'ignorez pas qu'il n'y a rien de fatigant comme une juste espérance déçue.

Veuillez agréer, etc., etc.

Augustin BABIN.

D'après la lettre que je viens de vous lire et dont j'avais succinctement donné connaissance à M. et Mme Leymarie, quelques jours avant la décision pris · par le comité de lecture (réunion à laquelle je n'ai pu me rendre, pour une cause que je ne me rappelle plus, n'étant, du reste, aucunement averti de la décision qu'on devait y prendre), d'après cette lettre, dis-je, vous devez comprendre, chers coassociés et frères en croyance, que l'incrédulité de M. Ch. Unsinger avait grandement sa raison d'être ; ce qui, alors, me mettait dans la plus triste et la plus pénible des positions les plus défectueuses, tout en étant complètement *innocent.*

---

(1) Dans la suite nous n'avons eu qu'à nous louer de l'exactitude de M. Ch. Unsinger, notre imprimeur, avec qui nous avons été toujours en de très bons termes depuis cette époque jusqu'à ce jour ; ce qui, nous l'espérons, existera notre vie durant.

Il me restait donc une seule ressource pour sortir d'une telle position : c'était de donner immédiatement ma démission de membre du comité de lecture. Ce que je fis, en effet, et que certainement, j'en ai l'intime conviction, chacun de vous aurait fait à ma place.

Quant à mon titre de membre du comité de surveillance, l'honneur me faisait un devoir sacré de ne pas m'en démettre avant l'époque de notre *réunion générale annuelle*, j'ai dû le conserver jusqu'à ce jour ; seulement, Mesdames et Messieurs, je vous prie de me considérer, à partir de ce jour, comme étant irrévocablement démis de cette honorable fonction, qu'il ne m'a pas été possible d pouvoir remplir comme je l'aurais désiré. Cette impossibilité est uniquement due au manque de confiance en moi, *que je ne m'explique aucunement*, de Messieurs mes deux cosurveillants, qui n'ont aucunement jugé à propros de me consulter dans tout ce qu'ils ont fait, sauf une seule fois que M. Leymarie a réuni les Membres des deux comités, pour leur donner connaissance des faits accomplis avec l'intermédiaire de deux Membres seulement du comité de surveillance, sur trois dont il se compose ; le troisième, qui actuellement donne irrévocablement sa démission, n'ayant été, dans cela, considéré que comme un simple zéro ; ce qui ne l'a pas empêché de prendre *douze parts* de souscription, pour faciliter la fondation de la nouvelle Société, composée sans qu'il en ait connaissance, et surtout, pour faciliter le changement de notre *importante librairie spirite*, qui, rue de Lille, 7, se trouvait dans la position la plus défectueuse possible, comme placement de logement, tout le contraire existant actuellement.

Telle sont, chers coassociés et frères en croyance, les franches et sincères explications que j'ai cru de mon devoir de vous donner, concernant ma démission de membre du comité de lecture, dans le courant de janvier de cette année 1878, et de ma démission actuelle, que les faits passés rendent absolument *obligatoire*; tout en désirant cependant, de cœur et d'âme, que de pareils différends (manque de confiance) n'existent plus à l'avenir dans notre Société, qui a tant besoin de confiance réciproque entre tous ses Membres, pour obtenir la concorde la plus absolue, laquelle lui est si utile, si indispensable même, en présence des nombreuses antipathies qui l'entourent, soit de près, soit de loin.

Votre frère spirituel, qui vous presse affectueusement la main à tous sans exception,

Augustin Babin.

Observation importante

Après lecture faite des réflexions sus-désignées (écoutées avec impatience par M. le président, ce qui nous a paru peu convenable), au lieu de recevoir des témoignages de regrets sur les faits en question, regrets sur lesquels nous étions en droit de compter, M. le président déclara que la Société ne pouvait pas s'occuper d'affaire personnelle ; que la Société avait un bénéfice à faire et qu'elle devait le faire quand même. Une semblable déclaration, faite par M. le président de notre assemblée générale annuelle de cette année 1878, dans une telle circonstance, nous a paru (nous l'avouons avec toute franchise) on ne peut plus déplorable et peu digne d'une Société comme la nôtre. Cette observation de M. le président fut d'autant plus déplorable, qu'elle engagea nos deux ex-cosurveillants à produire des récriminations manquant complètement de pudeur. En effet, ces deux Messieurs, après leur conduite passée, tout à fait contraire aux plus simples convenances, certainement auraient dû, s'ils avaient été tant soit peu consciencieux, témoigner plutôt des regrets sur les faits passés, que des récriminations déplorables, qui n'ont eu l'avantage de nous inspirer que la plus profonde pitié.

A. B.

Le (date exacte oubliée) juin 1879, nous avons adressé la lettre suivante à *chacun* de Messieurs nos coassociés spirites, en leur adressant également à *chacun*, en même temps, *franco* par la poste, un exemplaire de notre *Collection générale*, aussitôt son apparition, en juin 1879.

Paris, le juin 1879.

Cher Monsieur et F. E. C.,

Venant de faire paraître une *Collection générale* de tous mes humbles écrits, sous la forme d'un volume grand in-12. de plus de 1300 pages, je me fais un devoir et un véritable plaisir en même temps, de vous en adresser (franco) un exemplaire par la poste ; plus un *tableau astronomique* qui n'est pas sans avoir une certaine importance, vu les nombreux renseignements qu'il donne, et principalement à cause de l'importante *innovation* dont fait mention le NOTA de la page verso dudit tableau, ainsi que vous pourrez vous en convaincre par vous-même.

Je saisis cette occasion, cher Monsieur et F. E. C., pour vous donner connaissance, comme je me fais un devoir de le faire également pour tous nos autres coassociés, de l'humble requête que je désire vous adresser à tous, lors de notre prochaine *réunion générale annuelle* de cette année 1879.

Votre tout dévoué frère en croyance, qui vous prie d'agréer, ainsi que tous les vôtres, ses très-respectueuses salutations toutes fraternelles.

Augustin BABIN.

Boulevard de Port-Royal, 84.

COPIE CONFORME

De la requête désignée dans la lettre précédente, et figurant sur le second feuillet de ladite lettre.

MESDAMES, MESSIEURS, COASSOCIÉS,
ET FRÈRES EN CROYANCE,

Ma faible intelligence ne me permettant pas de pouvoir améliorer davantage mes humbles écrits, je prends la liberté de vous donner connaissance que, à partir de ce jour, 20 juillet 1879, je renonce d'une manière absolue à me charger du tirage de chacun d'eux, pris isolément ou réunis ensemble sous le titre de *Collection générale*.

Je vous ferai remarquer que le motif excessivement sérieux qui m'engage à prendre cette décision est le suivant : c'est parce que si j'avais l'imprudence de compromettre mon avoir actuel, se composant de 4,675 fr. de rente, plus tard, après mon décès, comment notre Société pourrait-elle remplir les conditions désignées dans mon *testament olographe* du 1er mars 1878, si je lui laissais un avoir insuffisant pour les accomplir ? Je compte donc sur votre extrême obligeance pour vouloir bien consentir à faire faire, à l'avenir, tous les tirages qui seront nécessaires pour les besoins de la vente.

Je compte, chers coassociés et F. E. C., sur votre extrême bienveillance à mon égard et sur votre entier dévouement à notre *bien aimée* Doctrine spirite, pour me faire l'honneur et l'amitié de vouloir bien agréer l'humble requête (1) que je prends la liberté de vous adresser.

Votre coassocié et F. E. C. tout dévoué, qui vous presse affectueusement la main à tous,

Augustin BABIN.

---

(1) Cette requête n'a été acceptée que par un *seul* de MM. nos coassociés, dont nous regrettons très sincèrement de ne pas nous rappeler le nom, et qui nous a fait l'honneur de nous charger de le représenter à ladite réunion, tout en donnant son entière approbation à notre requête dans sa procuration. — Mme veuve Allan Kardec ne s'étant pas présentée à ladite réunion générale annuelle, nous aimons à croire que la décision prise à l'avance par MM. nos coassociés n'a pas été sans être d'un grand poids dans la cause de cette absence...

RÉUNION GÉNÉRALE ANNUELLE

de cette année 1879.

À notre *réunion générale annuelle* du 20 juillet 1879, peu de temps avant la fin de la séance, étant autorisé par M. le président de ladite *réunion*, à faire connaître ce que j'avais à communiquer, je fis les deux lectures suivantes :

1° Celle de l'humble requête sus-désignée, laquelle nous paraît fort juste et rationnelle : d'autant mieux que la somme déboursée par nous pour tous les travaux faits dans le cours des deux années 1878 et 1879, se rapportant à nos humbles écrits, s'élève, à très peu près, à la somme de neuf à dix mille francs environ.

2° Celle d'un nouveau *testament olographe*, daté du 1er juillet 1879, et conforme au précédent du 1er mars 1878, sauf que (dans l'unique intérêt de la Société pour la continuation des œuvres spirites d'Allan Kardec, notre légataire universel) les *deux mille francs* de don annuel accordés à la caisse des Écoles et des Salles d'asile du *cinquième* arrondissement de la ville de Paris, se trouvaient être remplacés par *un don unique de vingt mille francs*, payables par la Société sus-désignée dans le cours de *six mois* après notre décès, tout le surplus lui étant intégralement attribué.

Une fois cette communication faite par nous, il nous fut répondu, par MM. les Membres présents à ladite réunion, que, nos intentions pouvant changer

d'un moment à l'autre, notre testament olographe,
dont nous venions de donner lecture, ne pouvait
offrir aucune sûreté et garantie pour la Société ;
puis, ensuite, que la vente de nos écrits étant loin
d'être assurée, ils ne pouvaient pas, dans l'intérêt
même de la Société, accepter notre requête. Cependant, ils consenti aient à l'accepter, à la condition
que nous leur comptions *deux mille cinq cents
francs* pour les premiers frais à faire, etc., etc.

Humilié et *froissé* par toutes ces observations, qui
sont très succintement rapportées ici, pour en finir
une fois pour toutes, nous nous décidâmes à leur
offrir une somme de *huit mille francs* (supérieure
d'un tiers au prix de tous les tirages à faire), leur
déclarant que, dans ce cas, la Société ne figurerait
pour rien, à l'avenir. sur notre testament olographe...

Cette offre (faite à regret par nous, dans l'intérêt
de notre Société, car nos intentions étaient infiniment plus sincères et plus fermes que MM. nos
coassociés ont bien voulu le supposer) ayant été acceptée avec *empressement*, tout en nous adressant
de *chaleureux remerciements* au nom de la même
Société, ce qui était peu flatteur pour notre amour-propre personnel, nous avons pris, sur le moment
même, la ferme décision de quitter définitivement
Paris pour nous retirer à Saint-Malo. Projet que
nous avons mis à exécution le 25 août 1879, jour de
notre départ de Paris.

P. S. — Une observation à faire ici, c'est que
notre domestique, Marie, veuve de Jean Gros, trois

mois après notre arrivée à Saint-Malo, ne pouvant
pas s'habituer dans l'endroit, s'est décidée, à la fin
de l'année, à se retirer à Ruffec, son ancienne demeure. — Trois jours après son départ, le 2 janvier
1880, loué un appartement à l'ancien Casino pour
neuf années, notre intention étant d'y finir nos
jours.   A. B.

Ce jour, 23 juillet 1879, écrit la lettre suivante à
M. et Mme Leymarie et à MM. les Membres du nouveau Comité de surveillance de la Société pour la
continuation des œuvres spirites d'Allan Kardec :

A Monsieur et Madame Leymarie,
et Messieurs les Membres du Comité de surveillance.

Chers Coassociés et Frères en croyance.

Samedi en huit, 2 août 1879, je compte vous porter les
huit mille francs comprenant la somme que, à notre
réunion générale ordinaire du 20 courant, j'ai pris l'engagement de vous compter comme payement de *cette portée*
dans l'acte notarié que nous devons passer ensemble dans
le courant du mois d'août prochain au plus tard), au nom
de la Société pour la continuation des œuvres spirites
d'Allan Kardec, l'*éditrice* de mes humbles écrits. Acte
notarié, par lequel la Société sus désignée doit s'engager à
faire consciencieusement la propagande nécessaire pour
faciliter leur vente, et, de plus, à faire faire à ses frais, à
l'avenir, tous les tirages qui seront nécessaires pour les
besoins de ladite vente, tant pour les *éditions séparées* que
pour la *Collection générale* desdits écrits, dont le prix de
vente devra être diminué pour quelques-uns, de manière
à ne pas trop nuire à ladite vente.

Naturellement, aucune modification ne sera faite dans mes clichés (dont je vous abandonne entièrement la propriété) sans mon autorisation par écrit; de plus, un tirage de 525 exemplaires de ma *Collection générale* (reliés comme ceux du premier tirage) devra se faire dans un temps très rapproché, une fois l'acte passé.

Pour le tirage des volumes séparés (lesquels ne devront subir aucune modification, de ce qu'ils sont dans la *Collection générale* sans mon autorisation par écrit), ils devront naturellement se faire de manière que la vente n'en soit pas interrompue, faute d'exemplaires.

Quant aux clichés déjà cités, ils devront rester chez M. Ch. Unsinger, chargé de tous les tirages, tant que vous n'aurez aucun reproche *sérieux* à lui faire sur la qualité desdits tirages; dans le cas contraire, vous êtes naturellement pleinement autorisés à les lui retirer à votre volonté. Les prix convenus pour ces tirages sont les suivants :

Dix-huit francs par feuille de 24 pages pour la *Collection générale; dix-neuf francs* par feuille de 36 pages pour les trois volumes de la *Trilogie;* enfin *vingt francs* par feuille de 64 pages pour les deux volumes in-32, dont le format, à l'avenir, sera celui de l'Encyclopédie morale pour les deux.

La seule réserve que je désire faire sur chaque tirage est de un pour cent des volumes tirés, et cela ma vie durant.

Veuillez agréer, chers Coassociés et Frères en croyance, mes respectueuses salutations toutes fraternelles,

Augustin BABIN,
Boulévard de Port-Royal, 84.

NOTA. — Cette lettre était suivie d'un post-scriptum que, par modestie, nous renonçons à désigner ici.   A. B.

ANNÉE 1880

Le 27 janvier 1880, écrit la lettre suivante à
M. P.-F. Leymarie, administrateur-gérant de la
librairie spirite, 5, rue Neuve-des-Petits-Champs, à
Paris :

Ancien Casino de Saint-Malo, le 27 janvier 1880.

A M. P.-G. Leymarie, administrateur,

Monsieur et F. E. C.,

En même temps que la présente, je me fais un véritable
plaisir de vous adresser (pour être lu en comité spécial
pour ce genre de lecture) un manuscrit comprenant treize
grandes feuilles, sous forme de rouleaux de 20 centimètres
de longueur environ et cacheté aux deux bouts.

Ce manuscrit, que j'ai intitulé: le *Régénérateur des Ecoles*
ou *Instructions à donner aux enfants des écoles, dans
un but de régénération sociale,* est dédié à M. J. Grévy,
Président de la République française, et a pour but de ra-
nimer, autant que possible, dans le corps électoral, le sen-
timent patriotique du devoir essentiellement *obligatoire*
qu'impose le titre d'électeur, et, en même temps, de com-
battre, autant que possible également, le triste *positivisme*
si répandu, hélas ! dans les hautes classes de notre société
actuelle.

Je vous serai reconnaissant de vouloir bien avoir l'obligeance de me faire connaître l'opinion du Comité sus-désigné, une fois qu'il en aura pris lecture et médité sur son
plus ou moins de valeur.

Votre frère spirituel, qui vous serre fraternellement la
main à tous.

Augustin BABIN.

Ce jour, 15 février 1880, reçu la réponse suivante à ma précédente, la partie en lettres *italiques* ayant été écrite par M. Chagneau, l'un des membres du comité de lecture.

Paris, le 14 février 1880.

MONSIEUR BABIN, F. E. C.,

Votre manuscrit, lu préalablement par les Membres du Comité de lecture, a été discuté mercredi par ces Messieurs, qui, après un mûr examen, m'ont prié de vous adresser les lignes suivantes transcrites par M. Chagneau :

Le Comité de lecture pense que l'ouvrage de M. Babin sort un peu du cadre des travaux sur lesquels la Société doit porter ses forces vives, malheureusement trop restreintes.

Sans porter d'appréciation sur l'œuvre, pour laquelle il ne pourrait que manifester toute sa sympathie, il croit que l'élément politique doit, du moins jusqu'à nouvel ordre, rester étranger aux efforts collectifs de la Société. Il croit qu'il est prudent pour la Société de rester dans les limites de l'ordre philosophique. Il conseille donc à M. Babin d'imprimer lui-même, ce qui dégagera la Société de responsabilités et de charges qu'elle n'a pas moralement le droit d'assumer présentement, en dehors de l'intérêt spécial et exclusif de la philosophie spirite. Mais il envoie à M. Bab n tous ses vœux fraternels, avec ses plus cordiales salutations, et désire qu'il puisse réussir complètement dans son entreprise de propagation sociale.

Je remplis donc les vœux du Comité en vous envoyant les réflexions qui précèdent et en unissant mes vœux personnels à ceux que font, pour vous, le Comité de lecture de la revue et le Comité de surveillance.

Je vous serre affectueusement la main au nom de mes frères en croyance.

L'administrateur,
P.-G. LEYMARIE.

Ce même jour, 15 février 1880, fait, à la lettre ci-dessus, la réponse suivante :

Ancien Casino de Saint-Malo, le 15 février 1880.

A Monsieur P. G. Leymarie, administrateur.

MONSIEUR ET F. E. C.,

Je viens de recevoir votre honorée du 14 courant, dans laquelle, vous et M. Chagneau, vous m'annoncez que, suivant l'avis du Comité de lecture, la prudence exige que la Société soit complètement étrangère à la publication de mon manuscrit, intitulé : *le Régénérateur des écoles*, etc. : décision que j'accepte très volontiers, malgré que je la crois défectueuse. Seulement, mon cher Monsieur Leymarie, je suis fort étonné qu'en me faisant une telle annonce, vous ne m'annonciez pas également le renvoi, par la poste, de mon dit manuscrit ; ce que je vous prie de faire aussitôt le reçu de la présente, étant formellement décidé à le faire imprimer et éditer à Rennes, chef-lieu du département d'Ille-et-Vilaine.

Veuillez agréer, etc., etc.   Augustin BABIN.

NOTA. — Le lendemain, 16 février, reçu le manuscrit en question.....

Le 4 août 1880, écrit la lettre suivante à M. P. G. Leymarie, administrateur.

MON CHER MONSIEUR LEYMARIE, NOTRE F. E. C.,

J'ai reçu votre honorée du 23 juillet dernier que vous avez eu l'obligeance de m'écrire (1), ce dont je vous suis infiniment reconnaissant, car elle m'a fait comprendre que vous avez le sérieux désir que le passé soit oublié ; ce que je désire également de cœur et d'âme, tout en ayant la douce espérance qu'à l'avenir rien ne surviendra de fâcheux pour nous le rappeler.

Quant à assister à la *réunion générale annuelle* de 1881, mon intention étant d'aller passer tout le mois de juillet de cette dite année à Paris (dans ce cas, je vous écrirai quelques jours à l'avance), vous pouvez compter sur moi pour accomplir ce devoir, que j'accomplirai régulièrement tous les ans, à l'avenir, du moins autant que cela me sera possible.

Cher Monsieur et F. E. C., ayant au complet toutes les *corrections* et *additions* faites au volume de mes *Notions d'astronomie*, je vous en adresse (franco, par la poste, et en même temps que la présente) la totalité sous enveloppe ficelée.

Ces corrections et additions ayant pour moi une très grande importance, je compte essentiellement sur vous pour commander à M. Ch. Unsinger, typographe (qui y compte d'après ce que je lui ai formellement promis dans deux des lettres que je lui ai adressées ces jours derniers), et cela au reçu de la présente, un tirage de 525 exemplaires de mes Notions d'astronomie, *deuxième édition.*

---

(1) Dans cette lettre, que nous regrettons de n'avoir pas conservée, M. P.-G. Leymarie nous annonçait que notre protestation contre le passé, avait été lue en *séance générale* le mois dernier et désignée dans le procès-verbal de ladite séance.

De ma part, cette demande a d'autant plus sa raison d'être, qu'il a été formellement convenu entre nous, lors de notre passement d'acte, ainsi que vous devez vous le rappeler, que, dans le cours de deux ans au plus tard, un tirage séparé de chacun de mes cinq humbles écrits devait être fait ; je ne suis donc pas trop exigeant, en vous faisant ma demande actuelle.

Quant aux volumes qui vous resteront de la première édition de mes Notions d'astronomie, une diminution sur leur prix de vente sera forcément obligatoire, à moins que vous vous décidiez à les modifier par un tirage *partiel* des pages corrigées et des pages supplémentaires. Dans l'un et l'autre cas, je croirais faire une injure à Messieurs mes éditeurs, en leur offrant, en cette circonstance, la moindre indemnité quelconque ; du moment qu'une fois tous les tirages partiels faits, il leur restera encore deux à trois mille francs sur la somme que je leur ai comptée.

Mes salutations les plus affectueuses et les plus fraternelles pour tous, et, en particulier, pour Mme veuve Kardec et votre honorable dame.

Augustin BABIN.

Le 15 août 1880, nous avons fait la réponse suivante à une lettre de M. P. G. Leymarie, datée du 12 du même mois ; lettre que nous avons adressée, y compris une copie conforme de notre réponse, à M. Ch. Unsinger, notre imprimeur, dans le but de nous disculper des engagements que nous avions pris avec lui, concernant le tirage immédiat, aussitôt les corrections et additions achevées, de la *deuxième édition* de nos Notions d'astronomie :

Ancien Casino de Saint-Malo, le 15 août 1880.

CHER MONSIEUR ET F. E. C.,

J'ai reçu votre honorée du 12 août courant, dans laquelle vous m'annoncez que MM. les Membres du Comité de surveillance sont absents de Paris, pour jusqu'au 15 ou fin de septembre, tout en me priant d'attendre leur retour pour décider l'impression séparée de mes Notions d'astronomie, *deuxième édition*.

Ainsi que je vous l'ai dit dans ma précédente du 4 courant, les corrections et additions qui doivent figurer dans cette *deuxième édition*, ayant une très grande importance pour moi, je désire essentiellement que le tirage en soit fait le plus tôt possible. Veuillez donc, je vous prie, aussitôt que ces Messieurs seront de retour, avoir l'obligeance d'obtenir cette décision de leur part ; décision qui, en cette circonstance, ne me paraît pas rigoureusement indispensable ; car si, plus tard, elle pouvait être *négative,* ce serait réellement on ne peut plus regrettable, à cause des graves et sérieux accidents qui pourraient en résulter...

Cher Monsieur et **F. E. C.**, malgré la vive contrariété que m'a fait éprouver votre honorée du 12 courant, vu la promesse que j'avais faite à M. Ch. Unsinger, mon imprimeur, le vif intérêt que je porte à la rapide propagation de notre *bien-aimée* Doctrine spirite, m'engage à vous communiquer les quelques réflexions suivantes sur la souscription ouverte par notre *très vénéré* F. E. C., M. J. Guérin. etc., etc.

(Ces réflexions n'ayant aucun rapport avec notre différend actuel, inutile de les désigner ici.)

Veuillez agréer, etc., etc.

Augustin BABIN.

Le 6 septembre 1880, adressé la lettre suivante à

M. P. G. Leymarie, dans l'unique but d'éviter les graves et très-malheureux accidents désigés dans la précédente :

Ancien Casino de Saint-Malo, le 6 septembre 1880

A Monsieur P. G. Leymarie, administrateur.

CHER MONSIEUR ET F. E. C.,

Si je me décide à vous écrire la présente, c'est dans l'unique but d'éviter les graves inconvénients dont je vous ai parlé dans ma précédente du 15 août dernier ; graves inconvénients qu'il aurait été si facile d'éviter, en satisfaisant à mon suprême désir, concernant le tirage immédiat à 525 exemplaires de mes Notions d'astronomie ; d'autant mieux que ce désir est absolument juste et rationnel de ma part, vu la très grande supériorité de la deuxième édition sur la première. Mieux aurait valu cent fois me demander une indemnité, que MM. les Membres du Comité de surveillance auraient fixée eux-mêmes, que de m'adresser une réponse évasive qui m'a vivement contrarié, ayant promis à M. Ch. Unsinger, mon imprimeur, que ce tirage serait fait aussitôt les corrections et additions achevées. Il est fort regrettable que MM. les Membres du Comité de surveillance en aient jugé autrement, car ils m'auraient évité le vif désagrément de vous écrire une lettre comme celle-ci, que j'aurais été très heureux de ne pas être dans l'obligation de vous adresser.

Dans le but donc, je vous le répéte, d'éviter les graves inconvénients en question (qui vont être énumérés tout à l'heure), je vous prie de faire comprendre à ces Messieurs, une vérité que M. Vautiers lui-même aurait dû comprendre il y a fort longtemps (*ce qui aurait évité tous les inconvénients actuels*), et qu'il paraît cependant ignorer encore aujourd'hui. Cette vérité est la suivante : c'est que la position dans laquelle je me trouve vis-à-vis de la Société anonyme pour la continuation des œuvres spirites d'Allan Kardec, me donne plein pouvoir (1) non pas de formuler un désir, mais bien une volonté et, au besoin une sommation, si cela devenait malheureusement nécessaire. Seulement dans ce dernier cas (fort regrettable du reste, s'il doit se produire), voici quelles seraient alors mes intentions ; car, ayant horreur de toute action faite dans l'ombre, je considère comme un devoir de vous les faire connaître, ainsi qu'à ces Messieurs. Ces intentions seraient les sui-

---

(1) En voici quelques preuves à l'appui.

1° La somme de *huit mille francs* comptée par moi à **MM.** mes éditeurs, dépasse de *deux mille francs* au moins la dépense totale du tirage (collectionné et séparé) de mes humbles écrits. — *Conclusion morale à en déduire ?...*

2° Si notre acte notarié du 2 août 1879, ne mentionne pas qu'un tirage séparé de 525 exemplaires de chacun de mes cinq volumes devra être fait dans le cours de deux ans (seul terme désigné par moi), et, au plus tard, dans le cours de trois ans (terme proposé par M. Leymarie), c'est uniquement parce que promesse verbale m'a été faite à l'époque sus-désignée, que le tirage en question aurait lieu dans le cours de ce premier laps de temps, et, au plus tard, du deuxième. Certainement, sans cela, j'aurais alors formellement exigé l'insertion de cette clause dans l'acte. — *Conclusion morale à en déduire ?*

3° Pour ce qui concerne spécialement mon Astronomie, dont j'exige un tirage immédiat de 525 exemplaires, je ferai remarquer que, contrairement à nos conventions notariées, le prix de ce volume (quoique se trouvant incomplet comparativement à ce qu'il est dans la *Collection générale*, et encore bien davantage comparativement à ce qu'il sera dans les éditions futures) a été exagéré pendant une année entière; excellent moyen pour que sa vente s'éternise indéfiniment. — *Conclusions morales à en déduire et sérieuses conséquences à en déduire en même temps ?...*

vantes : Elles consisteraient à vous adresser, en même temps que la sommation, ma démission de membre de la Société anonyme pour la continuation des œuvres spirites d'Allan Kardec, et à vous annoncer également en même temps, la nullité de mon *testament olographe* du 10 janvier 1880, et de tous ceux qui le précèdent, faits en faveur de la Société sus-désignée ; étant alors formellement décidé à en faire un nouveau totalement fait (sauf une *trentaine de mille francs* distribués entre quelques Écoles civiles et Bureaux de bienfaisance) en faveur de la *Ligue de l'enseignement* pour le sou des Écoles, qui a pour but de fournir un matériel d'enseignement primaire aux Écoles rurales de France, d'Algérie et des Colonies.

Ce don, naturellement, serait fait à la condition expresse que M. le Secrétaire général de ladite Ligue serait chargé, par elle, de veiller après mon décès, et cela indéfiniment, à

4° MM. mes éditeurs (actuellement mes coassociés) n'ont jamais fait, en aucun temps, cinq centimes de dépense pour l'impression de mes cinq humbles écrits, et aujourd'hui l'on voudrait me refuser l'impression immédiate de la *deuxième édition* d'un volume dont ladite impression a une *extrême importance pour moi ;* le tirage à 525 exemplaires de cette deuxième édition ne devant coûter absolument rien à MM. mes éditeurs sus-désignés, du moment qu'un reliquat important leur restera encore, une fois la *deuxième édition* de mes cinq volumes séparés, parue et payée. — *Conclusion morale à déduire d'un semblable refus, si, hélas ! malheureusement il se produit ?...*

5° Enfin, si j'ai bien compris le sens de la rédaction de notre acte notarié en question, c'est le tirage de la deuxième édition de chacun de mes cinq écrits séparés qui rendra MM. mes éditeurs propriétaires desdits écrits. D'après cela, c'est donc le propre intérêt de MM. mes éditeurs qu'on refuserait de prendre en ne satisfaisant pas mon suprême désir. — *Conclusion morale à en déduire ?...*

A. B.

la bonne exécution des conventions désignées dans notre acte notarié du 2 août 1879 ; toute confiance en MM. mes éditeurs m'étant naturellement interdite, si, hélas ! un tel cas venait à se produire.

Certainement tout cela ne pourrait être qu'excessivement triste et déplorable ; seulement, MM. les Membres du Comité de surveillance doivent comprendre que c'est à *eux seuls* qu'en incomberait toute la responsabilité ; c'est, du moins, mon intime conviction personnelle, le plus simple bon sens lui donnant sa raison d'être

En terminant la présente, mes sentiments entièrement fraternels me font un devoir de supplier, avec une très grande insistance, MM. les Membres dudit Comité de surveillance, et cela, plus dans leur propre intérêt que dans le mien (car ma cause est trop équitable et trop juste pour m'offrir la moindre inquiétude personnelle), de les supplier, dis-je, d'agréer, sans réserve aucune, le suprême désir que je vous ai exprimé, concernant le tirage immédiat à 525 exemplaires de la *deuxième édition* de mes Notions d'astronomie. En agissant ainsi, ces Messieurs feront un acte de bonne fraternité ; tandis que, dans le cas contraire, celui qu'ils feront ne pourra être que l'opposé et leur être en même temps (qu'ils en soient persuadés) que tout à fait préjudiciable, humainement et spirituellement parlant.

Votre frère en croyance, qui ne demande que la paix et la concorde, et vous prie d'agréer, tous ensemble, ses respectueuses et fraternelles salutations.

Augustin BABIN.

P. S. — Ce post-scriptum a pour but d'expliquer le motif (très grave pour moi) qui m'a engagé à ajouter à la fin de mes Notions d'astronomie, le complément qui devra y figurer à l'avenir. Ce motif est double et trouve sa raison d'être dans les deux faits suivants :

1° Parce que le Comité de lecture de la Revue spirite m'a refusé (dans le courant du mois de mars dernier, autant que je puis me le rappeler) l'insertion dans ladite Revue, d'un article *défensif* se rapportant à la formation de la lumière et de la chaleur sur notre globe terrestre, comme sur tout autre globe terrestre quelconque

2° Parce que le Comité de surveillance, à son tour, m'avait refusé, le 14 du mois précédent, l'honneur d'éditer mon *Régénérateur des Écoles*, qui cependant est essentiellement spirite, du moment que le Gouvernement républicain est pour le *civil*, ce que le Spiritisme est pour le *spirituel,* l'un et l'autre de ces deux principes étant intimement *unis.* Ce qui n'a pas empêché MM les Membres dudit Comité de surveillance de donner pour prétexte de leur refus « *que la librairie spirite ne pouvait pas éditer un tel genre d'écrit ;* » lequel prétexte (je supplie ces honorables Messieurs d'excuser mon *extrême franchise* en cette circonstance, comme en toute autre) m'a paru tout simplement un non-sens.

Tels sont les principaux faits (*qui, au besoin, pourraient désigner un véritable désir de nuire*), qui m'ont engagé à en agir ainsi, et qui, en même temps, m'engagent aujourd'hui *à exiger le tirage immédiat de la deuxième édition* du volume séparé en question, c'est-à-dire dans les premiers jours du mois prochain (octobre 1880), au plus tard.

Votre tout dévoué,

A. B.

Le 8 septembre 1880, reçu de M. P. G. Leymarie, la lettre suivante, en réponse à ma précédente du 6 du même mois.

Paris, le 8 septembre 1880.

Monsieur Augustin Babin, F. E. C..

J'ai montré votre lettre à M. Barroux et à M. Vautier, membres du Conseil de surveillance, et prenant leur avis, je suis venu à Jaux, près Compiègne, pour le soumettre à M. Ladame ; ces Messieurs avaient toujours compté que, avant de réimprimer une nouvelle édition des Notions d'astronomie, édition que vous aviez déclarée *bien définitive* à notre réunion annuelle de 1879, vous auriez attendu que l'édition actuelle fût écoulée ; et ils se demandent, avec juste raison, le pourquoi de cette décision qui déclare nul et inutile, ce qui vous paraissait parfait il y a un an.

Ces Messieurs n'ont nullement envie de fuir leurs engagements, mais ils sont peinés de vous voir ainsi jeter le discrédit sur un ouvrage qui a été tant de fois remis sur le canevas ; ils déclarent que, cette manière d'agir, fait que, ce que vous dépensez pour un noble but, sans doute, va à l'encontre de l'objectif que vous vous êtes tracé. Les éditions invendues, et que l'on donne constamment, donnent aux lecteurs une fort mauvaise opinion, car ils ne prisent bien que ce qu'ils achètent et qu'ils peuvent juger d'après l'argent déboursé.

Puis, une librairie qui n'est jamais sûr du lendemain d'un livre, qui recommande aujourd'hui ce qui sera démoli demain, se discrédite autant que l'édition l'est elle-même.

Ces Messieurs vous présentent ces objections, cher Monsieur Babin, non dans le but de fuir leurs obligations, car, *telle n'est pas leur pensée*, mais bien parce qu'elles leur paraissent sages et fraternelles ; que, si vous ne les trouvez pas à votre gré, vous n'avez plus qu'à formuler un désir par une simple carte-poste, et immédiatement **M.** Unsinger sera mis en demeure de faire le tirage des 525 *exemplaires* que vous demandez.

Le Comité de surveillance me charge aussi de vous dire, Monsieur Babin, que vous comprenez bien peu, ce semble, son mandat désintéressé qui a pour but cette seule fin, la *prospérité* et la *considération* pour la Société, être impersonnel qui doit lui survivre ; ce but est le vôtre aussi, Monsieur et F. E. C., et il ne faut pas supposer qu'il y ait un intérêt autre que celui dont il est parlé, puisque l'abandon des actions est libellé à l'endos de chaque action, ainsi que celui des dividendes actuels. Nous sommes tous, moralement, liés à une bonne œuvre, et le cœur seul y prélève des dividendes, nous le savons tous.

A des F. E. C. désintéressés, vous parlez exactement comme un coassocié à de pauvres diables qui ne voudraient pas payer leurs baux, et ce rôle leur parait étrange, Monsieur Babin ; ils le condamnent tous, hautement, car vous vous méprenez sur leur caractère, et nul parmi eux ne s'est jamais, à votre égard, oublié de la sorte. Vous vous faites constamment des griefs avec des incidents purement personnels.

Deux fois par année, vous leur écrivez que vous allez changer vos dispositions testamentaires, comme si l'un d'eux était intéressé personnellement à recevoir une part d'héritage ; si, dans votre testament, il vous plaît de faire bénéficier la cause commune de la fortune que vous possédez, c'est que, librement, vous vous sentez entraîné à le faire, et tout le monde trouve cela juste et bien ; mais que, à propos d'un article ou d'un *Régénérateur des écoles*, vous vouliez suspendre cette épée de Damoclès sur leur tête, cela leur semble d'autant plus injuste, que, parmi eux, tous se récuseraient s'il y avait un don personnel à leur adresse.

N'agitez donc pas cet ordre d'idées, Monsieur Babin, car il ne peut être d'aucun poids entre gens d'honneur. Ces Messieurs vous soumettent leurs idées collectives, et si vous ne les prisez pas, au frère qu'ils estiment et estimeront quand même, ils vous adressent leurs salutations affectueuses.

En leur nom, je vous serre cordialement la main.

P.-G. LEYMARIE.

Ce jour, 13 septembre 1880, fait la réponse suivante à la lettre ci-dessus, laquelle contient de graves *erreurs* et de *fausses* interprétations :

Ancien Casino de Saint-Malo, le 13 septembre 1880.

Monsieur P.-G. Leymarie, F. E. C.,

La seule réponse que je puisse faire à votre honorée du 8 courant, après de sérieuses réflexions, est la suivante ;

1º Je vous prie de faire, aussitôt le reçu de la présente, la commande de 525 exemplaires de mes Notions d'astronomie, *nouvelle édition.*

2º Je donne purement et simplement, à partir de ce jour, ma démission de Membre actionnaire de la Société anonyme pour la continuation des œuvres spirites d'Allan Kardec ; tous rapports absolument sympathiques étant impossibles avec MM. mes ex-coassociés, autant que je puis en juger par votre honorée du 8 courant. Cela nous évitera, à l'avenir, une correspondance aussi déplorable que par le passé ; car je n'aurai plus la stupidité de vous adresser en manuscrit, quoi que ce soit, si toutefois je suis, plus tard, apte à faire paraître quelque chose.

3º Vous êtes autorisé à *détruire* toutes les copies testamentaires que je vous ai adressées jadis ; cela vous évitera à l'avenir *d'injustes* interprétations, comme celles qui figurent dans votre honorée du 8 courant. — Quant au *Pourquoi cette décision,* dont votre lettre fait mention, vous en auriez eu l'explication, si vous aviez pris connaissance du *Post-scriptum* de ma précédente...

4º Quant à remplir les conditions convenues entre nous, tant verbales que notariées, inutile de vous dire que je compte (ainsi que vous m'en donnez connaissance dans votre lettre, ce qui m'évitera le désagrément d'en parler dans mon futur *Testament olographe)* sur Messieurs mes éditeurs, pour les remplir en *bons pères de famille,* termes qui s'emploient en pareil cas.

5° Devant, à mes biens-aimés Lecteurs, l'explication des deux graves décisions désignées ci-dessus, je me décide à faire paraître, sous peu, une toute petite brochure dont je vous adresse, à la suite de la présente, l'avis de l'auteur (voir cet avis au commencement de cette brochure, lequel avis a été augmenté depuis), que je viens de terminer ; cet envoi a pour but de vous permettre d'apprécier par vous-même ce que sera cette petite brochure.

Veuillez agréer. etc.. etc.

Augustin BABIN.

Le 11 octobre 1880, reçu la lettre suivante :

Paris, le 11 octobre 1880.

MONSIEUR BABIN,

En réunion des Comités et après avoir pris connaissance de votre correspondance, il a été décidé qu'à l'avenir, vous n'auriez plus à vous inquiéter au sujet de l'impression de vos ouvrages ; nous remplirons exactement nos engagements, puisque nos remarques ne sont pas prises en considération. — Quant à votre testament que vous nous avez imposé et modifié plusieurs fois, vous oubliez, Monsieur, que, aucun de nous n'y a un intérêt personnel ; et vu tous les ennuis que ledit testament nous a déjà occasionnés, malgré l'intérêt que nous portons au Spiritisme, et en particulier à notre Société, il nous est impossible d'entendre encore à ce sujet, les observations que vous pourriez nous faire, et qui tendent à nous blesser. — Quant à votre retraite, pour vous éclairer, nous vous faisons parvenir un exemplaire des statuts, en appelant votre attention sur le dernier alinéa, à l'article 35. Veuillez aussi prendre connaissance de la loi de 1867 sur les Sociétés, à l'article 52 et à la page 79 et 80 *Commentaire abrégé, Librairie Cosse et Marchal, place Dauphine, 27.*

Vous comprendrez, Monsieur, qu'il nous est utile d'avoir votre réponse au plus tôt.

En attendant, veuillez agréer nos bien sincères salutations.

H JOLY.   VAUTIER.   BARROUX.

Ancien Casino de Saint-Malo, le 16 octobre 1880.

A MESSIEURS BARROUX, VAUTIER ET JOLY.

Messieurs,

J'ai reçu votre lettre du 11 courant, sans recevoir l'exemplaire des statuts dont vous m'annoncez l'envoi, qu'il est, du reste, complètement inutile de me faire.

Je remercie les deux Comités pour la décision prise concernant l'impression de la deuxième édition de mes ouvrages séparés.

Quant aux observations que vous me faites, se rapportant à mon testament olographe, je ne les considère pas comme méritant une réponse, tout en regrettant que la vérité ait pu vous blesser.

Concernant ma démission de membre de la Société pour la continuation des œuvres spirites d'Allan Kardec, cette démission (pure et simple) étant irrévocable, inutile d'en reparler.

M. Charles Unsinger, mon imprimeur, m'annonce que, d'après mes ordres, il a adressé à M. P.-G. Leymarie, les 25 *Notices biographiques* destinées à être distribuées entre tous Messieurs mes *ex-coassociés ;* j'aime à espérer que cette distribution sera régulièrement faite. Peut-être bien, Messieurs, comprendrez-vous, après avoir pris connaissance de cette *Notice biographique,* que si l'un de nous doit se considérer comme ayant été *froissé* et *blessé* par les actes du passé, ce n'est aucun de vous ; mais bien moi-même, dont l'extrême attachement pour notre *bien-aimée* Doctrine spirite avait fait de moi, jusqu'à ce jour, une véritable *girouette,* que la continuité de votre déplorable conduite, à mon égard, a rendu absolument fixe

Celui qui, malgré toute la défectuosité du passé, vous désire à tous les trois bonheur et prospérité, à la condition de nuire à personne.

Augustin BABIN.

Fin de la première partie.

SECONDE PARTIE

DE CETTE

NOTICE BIOGRAPHIQUE

RELEVÉ GÉNÉRAL

DE TOUS LES FAITS QUI SE SONT PASSÉS

De

1880 à 1884

AVIS

A NOS LECTEURS

Dans cette *seconde partie*, nous allons agir comme nous l'avons fait pour la *première partie*, c'est-à-dire nous contenter, purement et simplement, de vous détailler tous les faits principaux se rapportant aux sérieuses difficultés survenues entre Messieurs nos *ex-coassociés* et *ex-éditeurs* actuels et nous, dans le courant des années 1882 et 1884; les années 1881 et 1883 étant restées calmes. Seulement, auparavant, nous allons vous donner, comme *renseignements préliminaires*, la copie conforme de notre testament olographe du 15 octobre 1880, année qui termine la *première partie* de cette NOTICE BIOGRAPHIQUE; plus la copie conforme de la lettre écrit par nous, le 20 octobre 1880, à Monsieur Em. Vauchez, secrétaire général *du Cercle parisien de la Ligue de l'Enseignement,* pour lui annoncer nos dernières dispositions testamentaires. Puis, ensuite, viendra le détail exact des sérieuses difficultés sus-désignées, qui nous ont mis dans l'obligation d'assigner Messieurs nos *ex-éditeurs* à comparaître devant le *Tribunal civil*, et puis, encore, les non moins sérieuses difficultés qui sont survenues entre MM. notre avoué et notre avocat consultant et nous, en 1884 ; dernières difficultés, des plus regrettables, qui ont fini par être la cause que nous avons renoncé à toute poursuite judiciaire, etc.

TESTAMENT OLOGRAPHE

COMPRENANT NOS DERNIÈRES ET SUPRÊMES VOLONTÉS

Je soussigné, Augustin Babin, né le 27 mai 1820, à Trepsec, commune de Cherves, canton et arrondissement de Cognac (Charente), étant sain d'esprit, ai fait, conformément à *l'engagement solennel* que j'ai pris jadis en renonçant à toute union matrimoniale, mon testament olographe comme suit :

Je donne et lègue, pour en jouir aussitôt que possible après mon décès :

1° *Dix mille francs* à la Caisse des Écoles et des Salles d'asile (laïques) du *cinquième* arrondissement de la ville de Paris ; donnant plein pouvoir au Conseil supérieur de ladite caisse, d'en disposer comme il le jugera le plus convenable, dans l'intérêt des Écoles et des Salles d'asile sus-désignées.

2° *Six mille francs* à la Caisse des Écoles et des Salles d'asile (laïques) de la commune de Saint-Malo (Ille-et-Vilaine), plus *quatre mille francs* au Bureau de Bienfaisance de ladite commune de Saint-Malo ; total : *dix mille francs*. Même plein pouvoir que ci-dessus est donné aux

Administrateurs de la Caisse et du Bureau de Bienfaisance sus-désignés.

3° *Trois mille francs* à la Caisse des Écoles et des Salles d'asile (laïques) de la commune de Saint-Servan, plus *deux mille francs* au Bureau de Bienfaisance de ladite commune de Saint-Servan ; total : *cinq mille francs.* Même plein pouvoir que ci-dessus...

4° *Trois mille francs* à la Caisse des Écoles et des Salles d'asile (laïques) de la commune de Paramé, plus *deux mille francs* au Bureau de Bienfaisance de ladite commune de Paramé ; total : *cinq mille francs.* Même plein pouvoir que ci-dessus...

5° Enfin, tout le surplus de mon avoir, tel qu'il se composera à l'époque de mon décès, avec les arrérages échus alors et une fois tous les frais payés, au CERCLE PARISIEN DE LA LIGUE DE L'ENSEIGNEMENT, que j'institue par ces présentes mon *légataire universel*, et dont le siège social actuel est : 175, rue Saint-Honoré, à Paris ; pour la somme totale être employée, aussi rapidement que possible, à fournir un matériel d'enseignement primaire (tel que : cartes de France et d'Europe, tableaux du système métrique, tableaux d'histoire naturelle, globes, etc., etc.) aux Écoles rurales de France, d'Algérie et des Colonies.

6° Tout mon mobilier (moins mon coffre-fort et son contenu, appartenant de droit au CERCLE PARISIEN DE LA LIGUE DE L'ENSEIGNEMENT sus-désigné), à Madame Loyer, ma propriétaire actuelle, pour en jouir aussitôt après mon décès. J'entends et j'exige formellement que mon enterrement soit purement civil et fait sans frais, suivi d'une distribution de pain (mille à douze cents kilgrammes environ) entre les indigents des trois communes désignées dans mon présent testament olographe

Je révoque et annule tous testaments antérieurs, *quels qu'ils soient*.

Fait à l'ancien Casino de Saint-Malo (Ille-et-Vilaine), ce jour quinze octobre mil huit cent quatre-vingt.

AUGUSTIN BABIN.

Maintenant, chers Lecteurs, voici la lettre que nous avons adressée, le 20 octobre 1880, à Monsieur Em. Vauchez, secrétaire général de la *Ligue de l'Enseignement*, au sujet du testament olographe précédent, tout en lui en adressant, en même temps, une copie conforme ; ainsi qu'un exemplaire de notre *Notice biographique*, laquelle se trouve comprise dans la *première partie* de ce volume. Cette lettre est la suivante :

Ancien Casino de Saint-Malo, le 20 octobre 1880.

CHER MONSIEUR VAUCHEZ,

La petite brochure que je vous adresse en même temps que la présente (en tenant *gratuitement* à votre disposition, pour vos amis et connaissances, si toutefois vous le désirez, le nombre d'exemplaires que vous me désignerez), vous apprendra qu'une scission, *absolue* et *définitive*, existe entre Messieurs mes *ex-coassociés spirites* et moi ; scission qui m'a permis de remplacer mon dernier testament olographe du 10 janvier 1880 (1), par celui que je vous

---

(1) Ce renvoi (qui naturellement n'a pas figuré dans la lettre) a pour but de donner connaissance à nos Lecteurs, que le testament olographe en question, était plus avantageux pour ma *légataire universelle* (la Société pour la continuation des œuvres spirites d'Allan Kardec, etc.), que celui du 1er mars 1878, figurant au commencement de la *première partie* du présent volume ; du moment que, dans ledit testament olographe, la rente viagère accordée à ma domestique d'alors était annulée, d'après un nouvel arrangement fait avec elle...

adresse inclus sous la même enveloppe que la présente, lequel est daté du 15 octobre 1880.

Tout en regrettant très sincèrement cette scission qui, pour moi, est devenue *obligatoire,* je suis très heureux de pouvoir disposer, en faveur de la Ligue de l'Enseigne-ment (pour le sou des Écoles), de la majeure partie de *mon avoir* après mon décès, lequel avoir est actuellement le suivant :

1º Un titre de rente nominatif de 3,500 francs, 5 0/0 sur l'Etat. Numéro du titre, 95,898 ; talon, 106,202 ; journal, 11,523.

2º Un certificat de dépôt de 25 obligations Suez, dépo-sées dans la Caisse des Titres de la Compagnie. Numéro du certificat, 10,585 ; numéros des obligations : 108,633 à 637 **+** 108,639 et 108,640 **+** 129,119 à 123 **+** 133,114 à 118 **+** 184,229 à 231 **+** 314,701 à 705 ; total des obliga-tions $=$ 25 obligations.

Comme vous voyez, cher Monsieur Vauchez, je ne puis malheureusement offrir que bien peu pour une œuvre aussi considérable. Seulement, soyez persuadé que le *don,* tout faible qu'il soit, est fait de tout cœur et d'esprit tout dé-voué à ladite œuvre, on ne peut plus admirable, qui est la vôtre ; ce dont notre *bien-aimée* République française vous est et sera certainement de plus en plus reconnais-sante.

Veuillez agréer, cher Monsieur, mes très respectueuses et très affectueuses salutations toutes fraternelles.

Augustin BABIN.

(*P. S.*). — Si vous le jugez à propos, cher Monsieur Vauchez, je vous autorise à mentionner la présente dans votre prochain compte-rendu des travaux du Cercle parisien de la Ligue de l'Enseignement, *preuve de son irrévocabilité.*   -   Votre tout dévoué,

A. B.

Maintenant, chers Lecteurs, nous allons vous entretenir des faits regrettables qui se sont produits entre Messieurs nos ex-éditeurs et nous, dans le courant des années 1882 et 1884 ; les deux années 1881 et 1883 s'étant à peu près écoulées sans production de faits dignes d'être cités dans cette Notice biographique ; ainsi que des difficultés, des plus regrettables, qui sont également survenues entre Monsieur notre avocat consultant et Monsieur notre avoué et nous, du 10 juin 1884 au 3 août de la même année.

Le 7 mars 1882, reçu la lettre suivante de M. Vautier, membre du Comité de surveillance :

Paris, le 7 Mars 1882.

MONSIEUR,

Membre du Comité de surveillance, je viens en son nom, répondre à la note que vous avez fait remettre à notre administrateur par votre imprimeur, M. Unsinger.

Nous avons voulu par nous-mêmes, nous rendre compte des ouvrages imprimés dont vous êtes l'auteur, et nous avons compté plus de *deux mille deux cents* volumes dans nos rayons.

Dans ces conditions, il nous est impossible, actuellement, de vous être agréable, Monsieur Babin, car nous aurions notre librairie complètement envahie par des ouvrages que l'on ne nous demande pas ; vous avez tellement donné d'éditions de vos cinq volumes, que personne ne songe que nous appelons l'attention de nos lecteurs sur eux, soit par notre catalogue, soit par la Revue spirite.

Agréez, Monsieur Babin, nos salutations bien sincères.

Au nom du Comité,
VAUTIER.

(P. S.). Pour votre gouverne, Monsieur, veuillez vous reporter au paragraphe II, où vous trouverez la phrase suivante : Oblige ladite Société à faire imprimer ses différents livres et en faire tirer tel nombre d'édition de cinq cents exemplaires au moins chacune *qu'il pourra écouler* dans les formats... ..

A. VAUTIER,
47, rue de Flandre, Paris.

NOTA. — Cet obscure *P.-S.* est certifié absolument conforme à l'original. Concernant l'observation suivante, terminant la deuxième phrase de la lettre ci-dessus : et nous avons compté plus de *deux mille deux cents volumes* dans nos rayons. Nous ferons remarquer que ce nombre est peu d'accord avec la note des ouvrages remis le 5 avril 1882.....

Ancien Casino de Saint-Malo, le 8 mars 1882.

MONSIEUR LE MEMBRE DU COMITÉ DE SURVEILLANCE,

Je viens de recevoir votre honorée du 7 courant, dans laquelle vous me dites qu'il vous est impossible, actuellement, de m'être agréable et que mes écrits sont invendables.

Concernant votre première observation, permettez-moi de vous dire qu'une observation semblable de la part de Messieurs mes éditeurs (car ce ne peut être qu'en leur nom que vous me l'adressez), me paraît complètement *injuste* et *immorale*, et en voici la raison :

Dans le courant de l'année 1879, par une requête *excessivement juste* et *rationnelle*, adressée à tous Messieurs mes *ex-coassociés*, mes Éditeurs, et présentée à la *réunion générale* de cette même année, j'offrais alors de leur abandonner *gratuitement* cinq écrits différents, produit d'un travail assidu et très fatiguant de près de 18 à 20 années et qui m'avait coûté plus de vingt et quelques mille francs de dépense. Assurément, un semblable cadeau aurait satisfait bien des éditeurs, tant juifs qu'ils puissent être. Cependant, cette requête (excessivement juste et rationnelle, je le répète) n'a pas pu satisfaire la déplorable cupidité (impersonnelle, je l'avoue ; ce qui ne l'empêche d'être on ne peut plus injuste et absolument immorale) de Messieurs mes coassociés qui, à cette époque, lors de la *réunion générale,* eurent la déplorable faiblesse (pour ne pas me servir d'une expression blessante, quelque juste qu'elle puisse être) de me demander en plus deux mille cinq cents francs ; demande à laquelle je ne pouvais nullement m'attendre et qui me blessa tellement que, de dépit, j'offris alors non pas la somme demandée, mais une somme de plus de trois fois supérieure, c'est-à-dire *huit mille francs,* en déclarant que je renonçais à faire la Société mon héritière. Offre qui fut acceptée avec enthousiasme par Messieurs les Membres présents à ladite réunion ; ce qui, naturellement, fut pour moi une nouvelle insulte, tout en étant de la part desdits Membres présents, un acte juifitique peu *sensé* et surtout peu *fraternel...*

Depuis cette époque, un acte notarié a été passé entre nous. En outre des engagements désignés dans cet acte et non accomplis par Messieurs mes éditeurs (ex-coassociés), existent des engagements verbaux non moins sérieux, ayant été donnés, en présence de la personne qui a fait l'acte, sous le couvert de la parole d'honneur. Alors, je témoignais le désir qu'on mit dans l'acte qu'un tirage de 500 exemplaires de chacun de mes cinq écrits, y compris la Collection générale, fut fait une année après l'acte passé ; temps grandement suffisant pour se défaire des anciens volumes désignés dans l'acte, en agissant en *bon père de*

famille pour faciliter leur vente. M. P.-G. Leymarie,
fondé de pouvoir de Messieurs mes éditeurs, ayant demandé que le terme le plus long fut fixé à deux ans ; j'y
ai consenti, tout en disant que j'espérais que Messieurs
mes éditeurs, ayant *encaissé* les fonds plus que suffisants
pour faire tous ces tirages, n'attendraient pas ce terme
beaucoup trop éloigné selon moi.

Aujourd'hui, sur les deux ans ou vingt-quatre mois de-
mandés, vingt sont actuellement passés et Messieurs mes
éditeurs ont, de nouveau, la *nouvelle faiblesse* de trouver
qu'il est encore trop tôt pour satisfaire à ma juste demande,
Certainement, c'est faire témoignage d'un *mauvais vouloir
exagéré et peu moral.*

Maintenant, concernant le peu de valeur de mes écrits et
leur impossibilité de vente, d'après Messieurs mes éditeurs (car en parlant au nom du Comité de surveillance,
vous ne pouvez que parler en leur nom), veuillez, je vous
prie, leur dire de ma part que je leur offre *d'annuler* notre
acte et de renoncer complètement à *eux*, comme éditeurs,
tout en leur abandonnant l'argent qui leur reste en caisse,
à la condition *essentielle* de tenir à ma disposition tous les
volumes qu'ils ont de moi en librairie ; volumes qui, du
reste (suivant eux), paraissent avoir peu de valeur. Par ce
moyen, ils éviteront de graves inconvénients qui, dans le
cas contraire, seront susceptibles d'arriver ; car je dois
leur avouer, en toute sincérité, que je n'ai aucune confiance
en eux, pour s'occuper consciencieusement de la vente de
mes écrits, et soyez persuadé que votre lettre du 7 courant
(à laquelle celle-ci sert de réponse, ne fait que fortifier
mon opinion à cet égard. Dans de telles conditions, une
séparation complète est infiniment plus *rationnelle* et plus
morale. J'attends la décision de ces Messieurs, pour savoir

si ces deux graves raisons suffiront pour les engager à obtempérer à ma demande, on ne peut plus sérieuse.

En attendant, j'ai l'honneur de vous saluer.

AUGUSTIN BABIN.

A Monsieur Vautier, membre du Comité de surveillance.

Le 17 mars 1884, reçu de M. Vautier la réponse
suivante :

Paris, le 17 mars 1882.

MONSIEUR A. BABIN,

Nous vous accusons réception de votre dernière lettre et
avons pris bonne note des propositions qu'elle contient ;
le Conseil s'étant réuni m'a ensuite chargé de vous faire
part de ses décisions, qui sont : d'accepter simplement vos
offres, c'est-à-dire d'annuler tous les engagements entre la
Société et vous, contre la remise de tous les livres qui
nous restent en magasin et à la librairie.

Vous trouverez ci-joint le modèle de l'acte sous seing
privé qui nous a été dicté par notre Conseil et que vous
voudrez bien trouver bon, Monsieur, puisqu'il faut faire
une économie aux contractants.

En attendant votre réponse contenant vos indications et
vos ordres, nous vous prions, Monsieur, d'agréer nos bien
sincères salutations.

VAUTIER.

NOTA. — Le modèle de sous-seing privé, cité dans
la lettre ci-dessus, étant complètement défectueux,
a été *annulé* par nous et remplacé par la Résiliation
suivante, signée par M. P.-G. Leymarie (agissant
au nom de Messieurs nos ex-éditeurs) et nous. Cette
Résiliation est celle-ci :

RÉSILIATION

Entre M. Augustin Babin, rentier et auteur, demeurant à l'ancien Casino de Saint-Malo (Ille-et-Vilaine), d'une part ;

Et M. Pierre-Gaëtan Leymarie, administrateur de la Société anonyme pour la continuation des œuvres spirites d'Allan Kardec, dont le siège social est à Paris, 5, rue Neuve-des-Petits-Champs, d'autre part,

Il a été convenu ce qui suit :

Le traité entre les sus-nommés, passé le deux août mil huit cent soixante-dix-neuf, par devant Maître Gozzoli, notaire, rue de Paris, à Belleville, Paris, est *résilié* d'un accord commun entre les parties, moyennant ce qui suit :

Monsieur P.-G. Leymarie, administrateur, remettra à Monsieur Augustin Babin les volumes suivants, brochés et reliés :

1º Collection générale de ses ouvrages scientifiques.

2º Véritable Catéchisme universel.

3º Guide du Bonheur.

4º Philosophie spirite.

5º Notions d'astronomie.

6º Encyclopédie morale.

Contre la remise des volumes qui précèdent, la Société, n'en ayant plus en sa possession, soit dans ses magasins, soit dans sa librairie des sciences psycologiques, s'engage *formellement* à n'en vendre aucun à l'avenir, sous quelque condition que ce soit, ce qui sera immédiatement annoncé dans la *Revue spirite*, autrement dit dans le prochain numéro qui doit paraître, ou le suivant, au plus tard.

De plus, Monsieur Augustin Babin est *formellement reconnu*, par Monsieur P.-G. Leymarie, chargé des *pleins pouvoirs* de Messieurs les éditeurs de l'auteur sus-désigné, comme ayant le *droit absolu* de disposer, entièrement à sa volonté, desdits écrits cités précédemment.

Les deux parties déclarent qu'une fois la remise des susdits écrits faite, y compris quelques clichés types de figures astronomiques, elles n'auront plus rien à se réclamer l'une à l'autre, et que tout compte sera réglé et terminé définitivement entre elles.

Fait double à Paris, ce jour 20 mars 1882.

Approuvé l'écriture ci-dessus.

  AUGUSTIN BABIN.   P.-G. LEYMARIE.

Le 6 avril 1882, nous avons reçu la note suivante
de M. Ch. Unsinger, notre imprimeur. (Voir la lettre
du 7 mars 1882, de M. Vautier, Membre du Comité
de Surveillance) :

Paris, le 5 avril 1882.

NOTE DES VOLUMES

LIVRÉS PAR M. LEYMARIE (1).

Notions d'astronomie, reliés.............	230	vol.
id. brochés	17	»
Guide du Bonheur reliés	172	»
id. brochés	2	»
Philosophie spirite brochés	168	»
Petit dictionnaire d'encyclopédie morale.	149	»
id. petit format..........	22	»
Véritable catéchisme universel	34	»
Petits catéchisme...........	34	»
Trilogie spirite......................	19	»
Collection générale des œuvres.........	73	»
Total des volumes sus-désignés..	920	vol.

EN DÉPOT :

Chez Engel,

Collection générale des œuvres, en f^lles.. 650 vol.

Chez Maudoux,

Notions d'astronomie, en feuilles .... 630 vol.

Le jour même, nous avons écri à Messieurs nos
ex-éditeurs pour leur donner connaissance que la

(1) D'après cette note, la déclaration faite par M. Vautier, dans sa lettre
du 7 mars dernier, est un misérable mensonge, absolument infâme...

livraison de nos écrits, faite par eux, n'étant pas conforme aux conditions désignées dans notre Résiliation du 20 mars 1882, nous nous trouvions, par ce seul fait, *lésé* d'une somme de mille francs environ (1) ; somme que nous leur réclamâmes, alors, dans notre lettre.

Cette première lettre n'ayant obtenu aucune réponse, nous nous décidâmes à leur en écrire une *seconde*, pour leur renouveler notre réclamation, en les menaçant de les poursuivre judiciairement, s'ils refusaient d'obtempérer à notre juste réclamation.

Cette seconde lettre n'ayant pas obtenu un meilleur résultat, nous nous décidâmes à partir pour Paris, vers la fin de mai 1882. Le lendemain de notre arrivée, nous fûmes chez M. Unsinger, notre imprimeur, pour nous entretenir avec lui et M. Kapp, son gendre, de notre affaire toute personnelle. M. Kapp, (homme d'arrangement, quelquefois à l'excès), nous conseilla de faire une démarche de conciliation auprès de Messieurs nos ex-éditeurs, tout en s'offrant de faire cette démarche lui-même. Nous y consentîmes et l'accompagnâmes jusqu'à la Gallerie d'Orléans du Palais-Royal, où nous attendîmes son retour.

---

(1) Cette somme, autant que nous puissions nous en rappeler, était celle que nous réclamions dans notre lettre. — Nous ferons remarquer ici : que l'unique copie que nous avions gardée de ces deux lettres (laquelle copie a été jointe aux pièces de notre procès), ne nous ayant pas été rendue en temps voulu pour pouvoir les désigner ici, elles ne figureront qu'à la fin, à peu près, de cet écrit.

Cette démarche toute fraternelle, n'ayant pas pu aboutir, nous nous rendîmes aussitôt chez M. P. Clouvet, avocat consultant, rue Saint-Jacques, n° 326. Après avoir expliqué notre affaire audit M. Clouvet (qui, alors, nous conseilla de poursuivre en police correctionnelle, ce que, malheureusement, nous avons refusé à cette époque, ne pouvant admettre que Messieurs nos ex-éditeurs puissent avoir l'infamie de faire valoir une *quittance générale*, frauduleusement obtenue par eux, à l'aide d'un *faux* en écriture privée), après, disons-nous, lui avoir expliqué notre affaire, il nous fit l'amitié de nous dire qu'il la prenait en main et qu'il se chargeait de toutes les démarches à faire, pour donner suite à notre dite affaire. Nous le remerciâmes infiniment. et, avant de partir de Paris, nous lui portâmes 150 fr., pour couvrir les premiers frais à faire et comme garantie pour ses honoraires, etc.

Quelques jours après notre retour à Saint-Malo, nous avons écrit à M. Clouvet, notre avocat consultant, une lettre (dont malheureusement nous n'avons pas gardé la copie) pour lui annoncer l'envoi de pièces nouvelles, à l'appui de notre procès. De cet envoi, M. Clouvet nous a fait l'amitié de nous accuser réception trois jours après, dans la lettre suivante, datée du 9 juin 1882.

Paris, le 19 juin 1882.

Monsieur Babin,

J'ai bien reçu le paquet que vous m'avez annoncé par votre lettre du 16 de ce mois. Je vous en remercie.

Il n'y a pas une grande importance à attacher aux mots qui ont été supprimés dans l'acte notarié. C'est une formule un peu vague qui n'a pas, dans l'espèce, un sens bien déterminé.

Votre affaire est au rôle, mais elle n'est pas encore prête d'être plaidée. Il lui faut subir de longs délais dont souffrent tous les procès, à cause de la quantité des causes à juger par le Tribunal de la Seine.

Agréez, Monsieur, mes salutations les plus empressées.

P. CLOUVET.

Nota. — L'acte notarié dont parle la lettre ci-dessus, est celui passé le 2 août 1879. Quant aux mots supprimés, ils sont les suivants : *en bon père de famille*. Concernant les délais dont cette même lettre fait mention, ils ont été excessivement longs, en effet, puisque deux années après (mois par mois), nous avons été dans l'obligation de faire un second voyage à Paris dans le but d'obtenir de M. le Président de la 6ᵐᵉ chambre du Tribunal civil, chargée de juger notre affaire, un rang d'ordre de faveur ; afin que notre dite affaire put se juger pendant notre présence à Paris, qui devait être de plus d'un mois et qui, pour cause de grandes souffrances physiques, n'a été que de 18 jours.

Nous ferons remarquer ici que, ce rang d'ordre de faveur ayant été obtenu par nous, M. René Marin, notre avoué, s'est alors (nous ne savons pour quelle raison, ni pour quel motif plus ou moins intéressé et certainement des moins louables) arrangé de manière à nous empêcher de pouvoir profiter du rang d'ordre de faveur sus-désigné, qui nous avait été généreusement accordé par M. le Président désigné ci-dessus ; rang d'ordre auquel nous tenions énormément, ainsi qu'en fera foi notre correspondance avec le susdit M. Marin et M. Clouvet, pendant notre présence à Paris.

Un an après, dans les premiers jours du mois de mai 1883, ayant écrit à M. Clouvet une lettre de trois pages (ici, encore, nous regrettons de ne pas avoir conservé une copie de cette lettre), autant que nous puissions nous le rappeler, nous avons reçu peu de jours après, la réponse suivante :

Paris, le 8 mai 1883.

Mon cher Monsieur BABIN,

Ce n'est pas d'hier qu'on a dit que la justice est boiteuse. Je ne puis que vous répéter ce que j'ai dit à M. Unsinger. Les affaires du Tribunal civil restent toujours une année dans les cartons du greffe avant de paraître à l'audience.

Pour obtenir des tours de faveur, il faut que le procès ait un caractère d'urgence extrême, comme les causes qui intéressent les mineurs, les séparations de biens, les interditions, les pensions alimentaires, etc., toutes les affaires de cette nature passent avant les autres et reculent celles qui n'ont pas un intérêt immédiat. Il y a aussi des centaines de placets en souffrance à chaque chambre du Tribunal et si un procès important occupe plusieurs audiences, cela retarde encore les pauvres plaideurs qui attendent leur tour.

Mais si les procès languissent un an au moins au Tribunal, c'est bien pis à la Cour d'appel où les affaires restent deux et trois ans dans les cartons. Enfin, allez à la Cour de Cassation et là il n'y a plus de délais.

Un plaideur qui veut faire suivre à son affaire tous les degrés de juridiction est certain de se condamner à des anxiétés pour huit à dix ans.

Votre affaire a bientôt un an de date. Elle sera bientôt mûre pour la sortie du rôle. Nous espérons la faire venir avant le mois d'août à la barre. Mais si elle ne vient pas à cette époque, elle sera renvoyée après les vacances, c'est-à-dire en novembre.

Comptez que je ne négligerai rien, ni M. Marin non plus pour hâter la sortie du rôle et vous donner satisfaction.

Vous serez averti en temps utile de tout ce qui pourra vous intéresser.

Agréez mes sincères salutations.

P. Clouvet.

Neuf mois après avoir reçu la lettre ci-dessus, nous avons de nouveau écrit à M. Clouvet la lettre suivante :

Ancien Casino de Saint-Malo, le 9 février 1884.

A Monsieur Clouvet, avocat.

Cher Monsieur,

Mon intention étant d'aller à Paris le mois prochain (mars 1884), veuillez me dire, je vous prie, si vous pensez que mon procès pourra se juger dans le courant de ce dit mois ; car, dans le cas contraire, je retarderai mon voyage ; ce qui, cependant, me sera très pénible, du moment qu'une affaire pressante m'appelle à Paris. S'il est en votre pouvoir ou bien en celui de Monsieur mon avoué d'obtenir de M. le Président du Tribunal civil, le jugement de mon procès,

dans le courant du mois en question (mars 1884), je compte
essentiellement sur vous deux, pour faire toutes les démarches possibles, pour obtenir ce résultat qui, conformément à la plus simple justice, ne devrait offrir aucune difficulté.

Veuillez agréer, cher Monsieur, mes respectueuses salutations.

Augustin Babin.

Le 14 du même mois, reçu la réponse suivante de
M. Réné Marin, notre avoué, à qui M. Clouvet avait
communiqué notre lettre, en l'engageant sans doute
à nous répondre.

Paris, le 14 février 1884.

Monsieur,

M. Clouvet m'a communiqué votre lettre. Votre affaire
est toujours au rôle et ne vient pas encore au rang pour
être plaidée, donc elle ne sera pas jugée en mars. Si vous
venez à Paris et si vous faites une démarche pour obtenir
un tour de faveur, peut-être obtiendrez-vous ; mais encore,
dans ce cas, je doute que votre affaire puisse être plaidée
et jugée dans le courant de mars ; elle attend son tour et
le Tribunal est très chargé.

Recevez, Monsieur, mes civilités empressées.

R. Marin.

M. Babin, à l'ancien Casino, à Saint-Malo.

Trois jours après, fait la réponse suivante à
M. Réné Marin, notre avoué :

Ancien Casno de Saint-Malo, le 17 février 1884.

A Monsieur Marin, avoué.

CHER MONSIEUR,

D'après ce que vous me dites dans votre honorée du 14 courant, que vous avez eu l'obligeance de m'adresser, quelque pressante que soit l'affaire qui m'appelle à Paris, je préfère attendre, pour y aller, l'époque du jugement de mon procès avec Messieurs mes *ex-éditeurs ;* car je suis formellement décidé à poursuivre ces dits Messieurs, en police correctionnelle, s'ils ont *l'impudence* de faire valoir la *quittance générale* que je leur ai adressée, ayant une entière confiance dans la franche exécution, de leur part, des conditions désignées dans notre *résiliation,* que j'ai obtenue à l'aide d'un sacrifice pécuniaire énorme.

Cette *résiliation* n'étant, de leur part, qu'un faux en écriture privée commis par Monsieur leur gérant, qui l'a signée avec moi ; lequel faux, joint aux *deux* fausses déclarations contenues dans une lettre adressée à M. Ch. Unsinger, mon imprimeur-typographe, font *trois faux* en écriture privée ; ce qui, malheureusement pour ces dits Messieurs, est plus que suffisant pour les poursuivre en *police correctionnelle ;* ce que je suis formellement décidé à faire (je le répète), si je perds mon procès, ou bien encore s'il n'est pas jugé d'ici le 15 juin. Cela, alors, fera deux années entières d'attente pour me faire rendre justice.

Un tel retard, pour rendre justice à l'innocence (je parle ici, en règle générale), est positivement (vous en conviendrez, cher Monsieur) véritablement *triste* et tout-à-fait *immoral.*

Assurément, un devoir impérieux s'impose à la Chambre

Législative, pour faire disparaître, dans notre *bien-aimée*
FRANCE, une telle immoralité.

Veuillez agréer, cher Monsieur, mes respectueuses salutations.

AUGUSTIN BABIN.

Le 26 mai 1884, écrit la lettre suivante à M. Réné
Marin, notre avoué.

Ancien Casino de Saint-Malo, le 26 mai 1884.

A Monsieur Réné Marin, avoué.

MONSIEUR,

Ainsi que j'ai eu l'honneur de vous l'annoncer dans ma
précédente du 17 février 1884, je suis formellement décidé
à retirer (le 15 du mois prochain) mon affaire du rang
d'ordre qu'elle occupe au Tribunal civil, afin de poursuivre
immédiatement Messieurs mes ex-éditeurs en police correctionnelle.

Dans ce but, je compte partir pour Paris, le 9 ou le 10
juin au plus tard ; ce qui me permettra d'aller vous voir le
11 ou le 12 dudit mois, pour m'entretenir avec vous et
M. Clouvet, pour opérer ce changement de poursuite ; à
moins que sous huitaine, au plus tard, M. le Président du
Tribunal civil s'engage à juger mon affaire, ayant son rang
d'ordre depuis deux ans...

Veuillez agréer mes respectueuses salutations.

AUGUSTIN BABIN.

P.-S. — Dans le but d'éviter un désagrément aussi scandaleux à Messieurs mes *ex-éditeurs*, je vous prie de donner connaissance à ces Messieurs de ma décision absolue et de leur dire, en même temps, que je con-
sentirai très volontiers (malgré leur infâme conduite, en cette circonstance)
à un arrangement, à la condition expresse que cesdits Messieurs consentent

à **me** compter intégralement la somme réclamée par moi, plus tous les frais que cette affaire m'aura coûté, à l'époque dudit arrangement, y compris les honoraires que vous jugerez à propos d'exiger vous-même.

V. t. d.

A. B.

Le 9 juin 1884, parti pour Paris, par le train de 5 h. 36 m. du matin ; nous y sommes arrivé à 4 h. 21 m. du soir. Aussitôt nous avons pris une voiture de place, pour nous conduire à l'hôtel du Hâvre et du Pas-de-Calais, tenu par une excellente dame, Mme veuve Rispal, à qui nous avions annoncé notre arrivée deux jours auparavant ; lequel hôtel nous avions déjà habité deux années auparavant, lors de notre précédent voyage, à Paris, en 1882.

Dès le lendemain de notre arrivée, sur les huit heures du matin, nous sommes allé rendre visite à M. Charles Unsinger, notre imprimeur, qui nous a reçu d'une manière tout-à-fait amicale ; ce dont nous lui sommes très reconnaissant. Aussi, quelques petites contrariétés qui, à cette époque, existaient entre nous depuis quelque temps, ont-elles été promptement oubliées, à l'aide d'une explication franche et loyale de part et d'autre. Puis ensuite, au bout d'un quart d'heure, M. Kapp, son gendre, étant arrivé de sa campagne, où demeure son estimable famille, une surprise à laquelle nous ne nous attendions pas, nous a vivement impressionné.

Cette surprise est celle-ci : c'est que, après nous être amicalement expliqué sur les petites contrariétés sus-désignées, M. Kapp nous fit observer que, si nous voulions l'en croire, nous ferions bien de renoncer à notre procès. Sur notre vive affirmation que notre intention était, tout au contraire, de la poursuivre jusqu'à ses dernières limites. *Eh bien, vous y mangerez tout votre saint-frusquin ;* nous répondit-il d'un air sérieux. Sur le moment, cela nous a fait sourire et nous a paru être une pure plaisanterie de sa part...

Au bout de trois-quarts d'heure environ d'entretien sympathique et amical, nous nous retirâmes pour aller chez M, Clouvet, notre avocat consultant, chez qui nous arrivâmes à peu près sur les 10 h. 1/4. Après un quart d'heure environ d'entretien concernant notre affaire, nous fûmes tous les deux absolument du même avis, concernant la démarche que je désirais faire auprès de M. le Président de la 6e chambre, chargée de juger notre affaire ; avis consistant à aller voir ce même jour, entre les 4 et 5 heures du soir, M. Réné Marin, notre avoué.

En effet, le soir même, sur les 4 h. 1/4, nous arrivâmes à l'étude de M. Réné Marin, notre avoué, 196, rue de Rivoli. Après les civilités d'usage, nous lui demandâmes s'il avait tenu compte de nos observations faites dans le post-scriptum de notre lettre du 26 mai 1884. Sur sa réponse négative, prétendant qu'une telle démarche aurait été inutile, nous lui témoignâmes le désir de faire, le plus tôt possible, une démarche auprès de M. le Président de la 6e chambre, pour le prier de nous accorder un rang d'ordre de faveur. Aussitôt que notre désir fut manifesté (nous le reconnaissons ici, en toute franchise), M. Marin s'empressa de nous donner deux notes, dont une pour M. le Président sus-désigné et l'autre pour nous-même ; tout en nous recommandant de ne pas communiquer cette dernière à M. le Président, du moment que cela nous serait plutôt nuisible qu'utile. Ces deux notes sont les suivantes :

1re NOTE

L'affaire Babin contre Leymarie est au rôle depuis le 8 juin 1882.

2e NOTE

M. Mercier, président de la 6e chambre. Visible dans son cabinet au palais de justice les mardi, mercredi et vendredi, de onze heures et demie à midi.

Une fois ces deux notes reçues, nous fîmes connaître à M. Marin que notre intention était de faire cette démarche dès le lendemain, 11 juin 1884. A notre observation, il répondit : vous pouvez la faire quand vous voudrez ; seulement, faites en sorte que votre demande soit aussi courte que possible, car le Président ne vous accordera pas plus de 4 à 5 minutes au plus d'explication. Après l'avoir chaleureusement remercié pour les bons conseils qu'il nous donnait, nous nous retirâmes.

Le lendemain, sans faute, nous nous rendîmes en effet au Palais de justice, où nous arrivâmes peu de temps après 11 heures. A 11 h. 1/2 juste, nous

fûmes introduit dans le cabinet de M. le Président,
à qui nous donnâmes le billet n° 1. Après en avoir
pris lecture, il nous dit de lui expliquer ce que nous
voulions ; ce que nous nous empressâmes de faire.
Seulement, comme il était occupé à lire un écrit
tout-à-fait inconnu de nous, nous crûmes le déranger et nous nous arrêtâmes aussitôt. Continuez,
nous dit-il, je vous écoute. Nous lui répondîmes
que, si nous nous étions arrêté, c'était parce que
nous craignons de le déranger dans sa lecture, et
aussitôt nous continuâmes nos observations consistant à lui dire : que vu notre âge avancé (65 ans),
nous avions fait, venant de Saint-Malo, un long et
très fatiguant voyage de plus de cent lieues, dans le
but de pouvoir obtenir de son extrême bienveillance
un rang d'ordre de faveur : afin que notre affaire
put se juger pendant notre présence à Paris, qui
devait être d'un mois environ. Immédiatement notre
demande fut acceptée, et M. le Président prit un
imprimé qu'il remplit aussitôt. En nous le remettant, il nous fit observer qu'il accordait très volontiers un tour de faveur, lorsqu'il était mérité ; mais
que, malheureusement, très souvent il arrivait que
lorsque l'affaire est appelée, l'avoué ou Messieurs
les avocats ne sont jamais prêts, nous lui répondîmes, alors, que nous ne pensions pas qu'un pareil
désagrément puisse nous arriver (1). Eh bien, dit-il,

---

(1) Hélas ! nous étions alors bien loin de supposer que M. Marin, notre
avoué, ferait tout son possible, dans l'intérêt de ses amis, Messieurs nos

portez cela à M. votre avocat consultant d'abord, et puis, ensuite, vous le remettrez à M. Marin, votre avoué, et aussitôt il nous tourna le dos. Nous le saluâmes et nous sortîmes.

Le soir même nous fûmes chez M. Clouvet pour lui donner connaissance de l'imprimé sus-désigné, tout en lui faisant les observations que M. le Président nous avait fait lui-même. Après avoir lu l'imprimé en question, M. Clouvet nous félicita, tout d'abord, d'avoir pu obtenir notre rang d'ordre de faveur, et puis, ensuite, nous tranquilisa concernant les observations de M. le Président. Alors, nous le remerciâmes et nous lui dîmes que, ne pouvant pas aller chez M. Marin, le soir même, nous comptions y aller le lendemain matin, sans faute...

En effet, le lendemain, peu de temps après 10 heures du matin, nous nous rendîmes chez M. notre avoué, à qui nous fîmes les mêmes observations. Lui aussi nous tranquilisa à cet égard, en nous promettant de s'occuper sérieusement de notre affaire. Confiant dans de telles déclarations, nous nous retirâmes aussitôt et restâmes sans inquiétude jusqu'au 16 du courant, époque à laquelle nous reçûmes

---

adversaires (nous ne pouvons, en effet, apprécier d'une autre manière les démarches *intempestives* et *défectueuses* que, positivement, il a faites de sa propre autorité, sans nous en donner connaissance, auprès de cesdits Messieurs, et cela après lui avoir porté l'imprimé rempli par M. le Président de la 6ᵉ chamb e civile) ferait tout son possible, disons-nous, pour nous empêcher de profiter de la faveur qui nous avait été généreusement accordée par M. le Président sus-désigné.

avec une grande joie, la lettre suivante de M. notre avoué.

Paris, le 16 juin 1884.

Affaire Babin et Leymarie.

Monsieur,

Veuillez avoir la bonté de passer un matin de 9 heures à 11 heures à mon cabinet relativement à votre affaire.

Votre bien dévoué,
O. Blangey.

Cette lettre nous fit, alors, infiniment de plaisir, car elle nous fit croire que la date du jugement de notre procès était définitivement fixée, et que M. notre avoué avait quelques observations à nous faire à cet égard; ce qui, sur le moment même, nous engagea à écrire la lettre suivante à M. Clouvet, notre avocat consultant.

Paris, le 16 juin 1884.

Cher Monsieur Clouvet,

Ainsi que j'ai eu l'honneur de vous le dire samedi dernier, je compte essentiellement sur vous pour ne pas être la cause du moindre retard (quelque minime qu'il soit) pour le jugement de mon affaire. Inutile de vous dire que, dans le cas contraire, je serai on ne peut plus *contrarié,* et, forcément, dans l'obligation de vous retirer ma confiance; *ce qui me serait excessivement pénible.*

Veuillez agréer, cher Monsieur, mes respectueuses salutations.

Augustin Babin.

Le lendemain nous reçûmes la réponse suivante :

Paris, 17 juin 1884.

CHER MONSIEUR BABIN,

J'ai reçu votre honorée lettre qui me surprend extrêmement.

Vous paraissez croire qu'il y a pour votre affaire Leymarie un retard qui peut m'être imputable. Il ne peut dépendre de moi que votre affaire soit jugée plus tôt ou plus tard. Cela dépend tout-à-fait : 1º du Président de la Chambre qui seul a le pouvoir de faire venir le placet à l'audience ; 2º de l'avocat qui plaidera votre affaire, lequel devra se tenir prêt à prendre la parole, lorsque l'affaire arrivera en ordre utile.

J'ajoute que l'avocat, malgré sa bonne volonté, ne peut pas toujours plaider au jour et à l'heure qui sont indiqués par le Président. Car ce jour-là, si son confrère est absent, si des affaires retenues à la barre depuis longtemps sont prêtes, le Président ordonne que celles-ci seront plaidées et que les autres seront remises à huitaine. En un mot, comme dans toutes les affaires humaines, il y a de l'imprévu.

Mais celui qui de tous peut avoir le moins d'effet sur le rang que l'affaire doit occuper à l'audience, c'est moi. Votre dossier a été remis par M. Marin à M. Lassis, avocat. Voyez M. Marin pour avoir le plus tôt possible une conférence avec M. Lassis et vous lui témoignerez le désir que vous avez d'avoir une prompte solution. Nul doute qu'il ne fasse tout ce qui dépendra de lui pour vous contenter.

Vous m'avez parlé de sténographie. Est-ce que vous voulez la reproduction de toutes les plaidoiries, celle de votre avocat et celle de l'adversaire. Cela est utile à savoir pour le prix à forfait à vous fixer.

Veuillez agréer, cher Monsieur, l'assurance de mes sentiments distingués.

P. CLOUVET.

Comme vous voyez, chers Lecteurs, la lettre du 16 courant de M. notre avoué, nous avait absolument fait espérer que la date du jugement de notre procès était définitivement fixée, et que M. notre avoué (nous le répétons) avait quelques observations à nous faire à cet égard. Mais, hélas ! notre espérance fut complètement déçue par la communication qu'on avait à nous faire, consistant dans un arrangement *intempestif* et *défectueux*, qui nous contraria énormément et qu'on nous proposa ; tout en nous engageant, d'une manière très pressante, à l'accepter. Après avoir beaucoup hésité, nous finîmes enfin par l'accepter. Aussitôt M. Marin, notre avoué, nous dit avec un air de grande satisfaction : *alors, c'est une affaire arrangée.* J'y consents très-volontiers, répondis-je, du moment que M. Leymarie paie les frais du procès ; cela, *seul,* me décide à accepter, malgré la forte perte que Messieurs mes adversaires me font éprouver ; conduite peu digne de leur part, et que j'ai l'espoir de faire connaître, plus tard, dans une brochure. Vous êtes libre, vous ferez ce que vous voudrez, nous fut-il répondu. Là-dessus, nous saluâmes et nous partîmes. Quatre jours après notre entrevue sus-désignée, impatient de ne recevoir aucune nouvelle concernant cet arrangement, nous écrivîmes la lettre suivante à M. René Marin, notre avoué :

Paris, le 20 juin 1884.

A Monsieur René Marin, avoué.

CHER MONSIEUR,

Je comptais recevoir, hier soir ou ce matin, un avis de votre part, se rapportant à l'arrangement dont vous m'avez parlé. N'ayant rien reçu, je me décide à vous écrire la présente, pour vous rappeler que, ayant obtenu un *tour de faveur* de Monsieur le Président de la sixième Chambre du Tribunal civil, il est indispensable que ce dit arrangement soit *immédiatement* (lundi ou mardi, au plus tard), définitivement réglé. Dans le cas contraire, je compte essentiellement sur vous et Monsieur mon avocat plaideur, pour faire en sorte que mon affaire puisse se juger dans le courant de la semaine prochaine, au plus tard ; M. le Président de la sixième Chambre m'ayant promis que mon affaire serait jugée, aussitôt que Messieurs mes avocats seraient prêts.

Veuillez agréer, cher Monsieur, mes respectueuses salutations.

Augustin BABIN.

Le 22, n'ayant pas reçu de réponse, nous nous décidâmes à lui écrire la seconde lettre suivante, pour éviter tout équivoque entre nous :

Paris, le 22 juin 1884.

A Monsieur René Marin, avoué,

CHER MONSIEUR,

N'ayant reçu aucune réponse à ma précédente missive du 20 courant, j'ai l'honneur de vous adresser cette deuxième,

pour vous annoncer que, si l'arrangement en question n'est
pas entièrement terminé le 25 du courant, je m'oppose
formellement à tout arrangement quelconque, quels que
soient les offres faites par Messieurs mes adversaires.

Quant au *tour de faveur* qui m'a été généreusement
accordé par M. le Président de la sixième Chambre du
Tribunal civil (ce dont je lui suis infiniment reconnaissant),
je compte essentiellement sur vous et Monsieur mon avocat
plaideur, pour en profiter ; afin de hâter le jugement de
mon affaire qui (forcément et malheureusement) ne pourra
avoir lieu qu'après mon départ de Paris. En effet, me trouvant actuellement un peu indisposé (comme cela a eu lieu
il y a deux ans), je compte partir pour chez moi, jeudi ou
vendredi prochain, au plus tard.

Concernant ma défense, je compte essentiellement sur
vous et Monsieur mon avocat plaideur, pour faire ressortir
(*avec la plus grande énergie*) le côté défectueux des trois
faux en écriture privée (1) ; principalement *celui* de la
résiliation, dont les conditions n'ont été aucunement remplies
par Messieurs mes adversaires. Là, seulement, consiste la
plus importante partie de ma défense, tout en faisant ressortir la conduite infâme de Messieurs les Membres de
cette indigne Société qui, depuis deux ans, profitent de ces
faux (principalement de *celui* contenu dans ladite résiliation, qui, *seul*, m'a engagé à donner, autrefois, une quittance générale et absolue, comptant sur la franche exécution des conditions expresses qu'elle contient), qui profitent
de ces faux, dis-je, pour rester honteusement détenteurs
d'une somme importante, laquelle m'est légitimement due.

---

(1) Voir notre lettre du 17 février 1884. — Ce renvoi n'a pas figuré dans
la présente lettre et n'est mentionné ici, que comme éclaircissement, pour
nos Lecteurs.

Quant à faire sténographier la plaidoirie (ainsi que j'en avais primitivement l'intention), je crois devoir y renoncer, du moment que cette sténographie ne peut se faire qu'à raison de quarante francs par heure ; d'après M. Clouvet, mon avocat consultant, qui, primitivement (il y a de cela deux ans) m'avait engagé à poursuivre en *police correctionnelle ;* reconnaissant, à cette époque, la parfaite existence des trois faux en écriture privée ; lesquels faux, du reste, ne peuvent être *justement* et *rationnellement* mis en doute. J'aime à espérer que (plus tard, lorsque je ferai connaître le jugement de mon procès dans mes écrits ; lequel jugement aura forcément lieu, si mon affaire n'est pas définitivement réglée mardi prochain, au plus tard), j'aime à espérer, dis-je, que ce sera également l'avis de tous mes Lecteurs, et, pour mieux dire, de toute la postérité qui aura connaissance des faits en question.

Veuillez agréer, cher Monsieur, mes respectueuses salutations.   Augustin BABIN.

Le lendemain, 23 juin 1884, nous avons reçu la réponse suivante, ne faisant aucunement mention de nos deux précédentes ; craignant, sans doute, de se compromettre en agissant autrement. Cela peut être prudent ; mais, certainement, c'est une manière d'agir peu convenable. Cette réponse est celle-ci :

Paris, le 23 juin 1884.

MONSIEUR,

J'espère pouvoir régler votre affaire demain ou après-demain. Mais je dois vous informer que je n'ai pas encore reçu du Tribunal l'avis de la sortie du rôle de votre affaire.

Dès que j'aurai les fonds, je vous préviendrai.

Recevez l'assurance de mes civilités empressées,

R. MARIN.

Cette lettre nous occasionnant une extrême surprise, nons nous décidâmes à lui écrire le lendemain, à notre levé, la lettre suivante, que nous portâmes à la poste sur les 7 heures du matin.

Paris, le 24 juin 1884.

A Monsieur Marin, avoué.

Monsieur.

Dans votre lettre du 23 courant (lettre que vous m'avez fait l'honneur de m'écrire en réponse à mes deux précédentes), vous me dites que vous *espérez* pouvoir régler mon affaire aujourd'hui ou demain. Je dois vous dire, cher Monsieur, que c'est le *seul* retard que je puisse accorder pour achever cet arrangement. J'aurai donc l'honneur d'aller vous voir demain soir, entre quatre et cinq heures. Si, à ce moment, ledit arrangement n'est pas définitivement achevé ; il faudra absolument y renoncer. Alors, dans ce cas, vu le mauvais état de ma santé (le séjour de Paris m'est absolument contraire), je partirai jeudi matin, 26 du courant, pour chez moi. Dans le cas contraire, j'attendrai à vendredi matin pour partir, afin de pouvoir régler le tout définitivement.

Veuillez agréer, cher Monsieur, mes respectueuses salutations.

Augustin BABIN.

Comme nous l'annonçons dans la lettre ci-dessus, nous nous rendîmes, en effet, à l'étude de Monsieur notre avoué, peu de temps après quatre heures. Une fois arrivé, M. Marin lui-même nous commença la lecture d'une copie de convention contenant des conditions sur l'une desquelles (celle se rapportant aux frais du procès), nous lui fîmes l'observation suivante, en l'interrompant dans sa lecture : Voudriez-vous, je vous prie, Monsieur, me dire en quoi consistent les frais du procès ? Vous n'avez pas besoin de le savoir, nous fut-il répondu avec un peu d'emportement. Cela nous choqua et nous répondîmes aussitôt que nous refusions de signer la convention, si, dans les frais du procès, n'étaient pas compris ses honoraires. Là-dessus, Monsieur notre avoué s'emporta tout à fait, et se levant aussitôt de sa place, il porta la copie à Monsieur son premier clerc, en lui disant : *c'est une affaire manquée.* Puis, ensuite, il retourna à sa place et se mit à griffonner vivement sur du papier blanc qu'il avait devant lui. Nous le regardâmes un instant ; puis. ensuite, nous lui dîmes : enfin, Monsieur, à quoi voulez-vous aboutir ? Une réponse incompréhensible, tellement elle était inarticulée, nous fut faite avec impatience. Alors, nous lui dîmes : il faut en finir. Dites-moi, je vous prie, Monsieur, si, le sieur Leymarie avait été condamné par le tribunal civil, vos honoraires auraient-ils été à sa charge. Sa réponse un peu vive étant *négative*, nous lui répondîmes : il fallait me le dire tout de suite, Monsieur, et alors je n'aurais attaché aucune importance à l'observation que je vous ai faite, en vous arrêtant dans votre lecture. Vous pouvez donc aller chercher la copie de convention et en continuer la lecture. Comme il paraissait hésiter, nous ajoutâmes : Vous pouvez

aller la chercher, Monsieur, et probablement je la
signerai. Cette dernière observation le décida, enfin,
à aller la chercher lui-même, au lieu de dire à son
premier clerc de la lui apporter, ce qui lui aurait
évité un déplacement inutile ; sans doute, dans ce
moment, la colère l'emporta encore sur la raison,
grave inconvénient qui nous a paru lui être familier.
Enfin, aussitôt que la lecture en fut achevée, nous
lui dîmes que nous étions prêt à la signer. Alors, il
nous pria de passer dans la pièce à côté, où se
trouve le bureau de son premier clerc, qui nous
engagea à nous asseoir à côté de lui, en attendant
que la seconde copie fut faite par l'un des deux
autres clercs, se trouvant dans une autre pièce, à
droite, en entrant dans l'étude ; celle du premier
clerc se trouvant à gauche, précédant celle du
patron.

Une fois la seconde copie faite, l'identité des deux
fut revérifiée par Messieurs les deux autres clercs
sus-désignés, car nous entendîmes parfaitement
bien l'un des deux en faire la lecture. Cette revérifi-
cation faite, celui qui sans doute avait fait la seconde
copie, apporta les deux au premier clerc, qui nous
en remit une et fit la lecture de l'autre, pendant que
nous parcourions des yeux (non sans être sous
l'influence d'une grande préoccupation) celle que
nous avions et qu'il nous pria de signer après la
lecture faite ; ce que nous fîmes aussitôt. Maintenant, nous dit-il, vous pouvez revenir demain soir
sur les quatre heures et demie, je vous remettrai la

copie signée par M. Leymarie, plus les 500 francs qu'il m'aura compté...

Quant à la Convention sus-désignée, en voici la copie exacte.

CONVENTION

Entre M. Augustin Babin, homme de lettres, demeurant à Saint-Malo (Ille-et-Vilaine), d'une part, et M. Gaëtan Leymarie, demeurant à Paris, rue des Petits-Champs, n° 5, agissant au nom et comme administrateur-gérant de la société scientifique des sciences psychologiques, d'autre part.

Il a été exposé et convenu ce qui suit :

Suivant exploit de Gillet, huissier à Paris, en date du huit juin mil huit cent quatre-vingt-deux, M. Babin sus-nommé a formé contre M. Leymarie, également susnommé une demande en payement d'une somme de mille vingt-cinq francs, en représentation du préjudice que lui aurait causé l'exécution des conventions prévues par l'acte du vingt mars mil huit cent quatre-vingt-deux, résiliant le traité passé entre lesdits sieurs Babin et Leymarie par devant M. Gozzoli, notaire à Paris, le deux août mil huit cent soixante-dix-neuf. Le tribunal civil de la Seine devant lequel l'affaire avait été portée, allait statuer sur ladite demande, lorsque les parties se sont rapprochés et à titre de transaction sur procès ont réciproquement accepté ce qui suit :

M. Leymarie paie à M. Babin, qui reconnaît par
la présente l'avoir reçue, une somme de cinq cents
francs ;

M. Leymarie paie en outre les frais faits à ce jour
par ladite instance de part et d'autre ;

M. Babin reconnaît n'avoir plus rien à réclamer à
M. Leymarie au sujet de la présente instance et lui
donne quittance pour solde de tout compte. Il se
désiste purement et simplement.

Fait double à Paris le ving-six juin mil huit cent
quatre-vingt-quatre.

Lu et approuvé :

Augustin BABIN.

Le lendemain sans faute, sur les 4 heures 1/2,
ainsi que cela nous avait été recommandé, nous
nous rendîmes à l'étude de Monsieur notre avoué,
ayant une entière confiance dans la promesse qui
nous avait été faite. A notre arrivée, nous fûmes
reçu par Monsieur le premier clerc qui nous dit :
qu'il était allé chez M. Leymarie pour lui faire
signer l'autre copie, mais que M. Leymarie était en
voyage dans un département, dont nous ne nous
rappelons pas le nom. Cependant, nous dit-il, reve-
nez à 5 heures 1/2, peut-être bien d'ici là viendra-t-
il la signer et nous apporter les 500 fr. en question.
Ce voyage imprévu et précipité nous parût louche
et nous fit immédiatement comprendre que nous
étions roulé par le premier clerc, absolument comme
par le patron ; ce dont nous eûmes l'intime convic-

tion, lorsque nous revinmes sur les 5 heures 1/2. En effet, cette seconde démarche de notre part, n'eût pas plus de réussite que la première, et certainement Monsieur le premier clerc savait parfaitement bien qu'il sê moquait de nous en nous disant de revenir sur les 5 heures 1/2..... Contrarié et blessé, nous lui dîmes avec vivacité : quand la seconde copie sera signée et que vous aurez reçu l'argent, vous m'enverrez le tout à Saint-Malo ; car, demain matin, je pars par le train de 7 heures 30 minutes du matin. Puis, nous le saluâmes et nous partîmes.

Le 4 juillet 1884, c'est-à-dire huit jours après notre arrivée à Saint-Malo, nous avons reçu la lettre suivante, plus la copie que nous avions signée, modifiée par l'ordre de M. Leymarie (1). Naturellement, notre premier mouvement a été de déchirer en deux ladite copie modifiée, décidé à refuser une semblable convention, qu'un manque de vérité de la part de M. Marin (ainsi qu'en fait foi notre lettre du 9 juillet 1884) m'avait engagé à signer. La lettre reçue est celle-ci :

Paris, le 4 juillet 1884.

Affaire Babin et Leymarie.

Monsieur

J'ai l'honneur de vous prévenir que j'ai touché aujour-

---

(1) Cette modification (ajoutée à la fin de ladite convention) est celle-ci, qui se trouvait inscrite en tête de la marge de la seconde page :

« Tant de la procédure que de l'action qu'il pourrait avoir contre M. Leymarie et ce dernier accepte le désistement dont s'agit ; en conséquence l'instance sus-énoncée est et demeure supprimée.

d'hui les 500 francs montant de la transaction Babin et Leymarie, et les frais. Je vous adresse cet acte pour que vous puissiez parapher le renvoi que l'adversaire a fait ajouter, mais qui est sans importance. Dès que vous m'aurez retourné cette pièce, j'en ferai l'échange contre celle signée Leymarie et vous adresserai cette dernière, avec les 500 francs qui vous reviennent.

Votre bien dévoué,

O. BLANGEY.

M. Babin, ancien Casino de Saint-Malo (Ille-et-Vilaine).

Le lendemain de la réception de la lettre ci-dessus, fait la réponse suivante :

Ancien Casino de Saint-Malo, le 6 juillet 1884.

A Monsieur René Marin, avoué.

MONSIEUR

J'ai reçu hier, 5 du courant, votre honorée datée du 4, contenant la *convention* que j'avais signé à contre-cœur, uniquement d'après votre conseil.

Merci et mille fois merci pour cet envoi, qui me permet de *renoncer* à cette convention modifiée par le sieur Leymarie. Je suis d'autant plus heureux de cet envoi, que je suis formellement décidé (du moment que je sais aujourd'hui que mes *ex-éditeurs* ont l'infamie de vouloir faire valoir la quittance absolue et générale, frauduleusement obtenue par eux) à retirer entièrement mon affaire du tribunal civil pour lui faire prendre immédiatement son rang d'ordre dans les affaires du *tribunal correctionnel*.

Cette décision étant absolue et définitive, je vous prie de me dire, si vous consentez à prendre ma défense dans ces nouvelles conditions. Dans le cas contraire, je vous prie de remettre immédiatement à M. Clouvet, mon avocat consultant, toutes les pièces concernant mon procès : pièces qu'il vous a confiées, il y a de cela deux ans environ.

En attendant votre réponse, veuillez agréer, cher Monsieur, mes respectueuses salutations,

Augustin BABIN.

(P. S.) Dans le cas où vous renonceriez à vouloir continuer à prendre ma défense, je me tiens à votre disposition, Monsieur, pour vous acquitter les honoraires que vous jugerez consciencieusement à propos de me réclamer.

Votre tout dévoué,

A. B.

Le 8 juillet reçu de Monsieur René Marin la réponse suivante, à notre précédente :

Paris, le 7 juillet 1884.

MONSIEUR,

Vous comprenez sans peine que si vous voulez revenir sur des faits accomplis, sur une transaction dont je vous ai lu les termes que vous avez approuvés, mais dans laquelle une erreur de copiste avait oublié les mots qui font l'objet du renvoi soumit à votre paraphe, vous comprenez, dis-je, qu'en de pareilles circonstances je ne puisse plus m'occuper de l'affaire. Confiant dans vos paroles, j'ai traité avec mon confrère, d'une façon loyale et franche, j'ai reçu de lui les 500 fr. promis ; c'est une affaire arrangée et terminée. Vous ne pouvez croire que M. Leymarie a modifié la transaction première ; il n'a rien modifié. La phrase qui fait l'objet du renvoi avait été oubliée par le copiste du brouillon que je vous avais lu et que vous aurez oublié ; mon confrère m'a fait remarquer cet oubli, et comme ce renvoi n'a pas d'autre intérêt que de préciser la solution amiable de votre procès, je n'ai fait aucune difficulté de reconnaître l'erreur matérielle.

En un mot, il n'y a rien de changé aux conventions ; je n'aurais d'ailleurs rien fait sans votre assentiment. Veuillez donc parapher l'acte que je vous ai envoyé et me le retourner le plus tôt possible ; je vous adresserai immédiatement les 500 francs vous revenant.

Recevez, Monsieur, mes civilités empressées.

R. MARIN.

Le lendemain de la réception de la précédente, nous avons répondu ce qui suit :

Ancien Casino de Saint-Malo, le 9 juillet 1884.

A Monsieur René Marin, avoué.

MONSIEUR,

J'ai reçu hier soir, votre honorée du 7 courant, dans laquelle je lis : *Confiant dans vos paroles, j'ai traité avec mon confrère,* etc.

Je vous ferai remarquer, Monsieur, que (du moment qu'avec votre aide, je faisais des démarches auprès de M. le Président de la sixième Chambre civile, pour obtenir un rang d'ordre de faveur) les paroles que vous paraissez vouloir bien m'attribuer n'ont pas pu être prononcées par moi, et même, si elles l'avaient été, vous auriez dû (car, dans le cas contraire, vous auriez absolument manqué à tous les devoirs imposés à tout avoué honorable, en pareille circonstance), vous auriez dû, dis-je, m'engager à attendre le résultat de vos démarches, avant d'entreprendre les miennes, auprès de M. le Président sus-désigné.

D'après cela, Monsieur, vos démarches toutes personnelles ont donc été tout-à-fait *intempestives* et absolument *regrettables,* du moment que vous n'avez tenu aucun compte des recommandations contenues dans ma lettre du 20 juin et celle du 22 du même mois ; faute très-regrettable que vous aviez déjà commise, en ne tenant aucun compte du *post-scriptum* de la lettre que j'ai eu l'honneur de vous écrire, quelques jours avant mon départ pour Paris.

Je vous ferai également remarquer, Monsieur, que le 18 ou le 19 mars, la première fois que, dans votre étude, vous m'avez appris cet arrangement (arrangement qui, alors, ma vivement surpris et que j'ai accepté, à contre-cœur, d'après vos pressants conseils), vous m'avez dit : *alors, c'est une affaire arrangée.* Je me rappelle parfaitement bien, Monsieur, cette importante observation, que vous m'avez faite exactement dans les mêmes termes, et, certainement, je ne vous crois pas capable de pouvoir nier ce que j'avance ici. Puis ensuite (chose extraordinaire) le 23 juin, c'est-à-dire 4 ou 5 jours après, j'ai reçu une lettre de vous, dans laquelle vous me dites : *j'espère pouvoir arranger votre affaire,* etc.

Une telle contradiction de votre part, Monsieur, m'a tout naturellement vivement surpris ; aussi, dans ma réponse du 24 juin, ai-je souligné le mot *espérez.* Loin de vous *rouler,* comme vous m'en avez accusé dans votre étude, vous devez comprendre, Monsieur, que c'est vous-même qui m'avez *roulé* de la manière la plus regrettable ; peut-être bien d'une manière inconsciente, je l'ignore absolument.

Certainement, Monsieur, j'aurais encore beaucoup d'autres sérieuses observations à vous faire ; seulement, je préfère *provisoirement* m'en tenir à celles qui précèdent.

Quand à la convention signée par moi, que vous m'avez renvoyée modifiée, je dois vous dire que je l'ai déchirée en deux morceaux, aussitôt reçue. Cette pièce est donc inserviable aujourd'hui, et certainement c'est une pièce précieuse pour moi, que j'ai la ferme intention de conserver.

Seulement, Monsieur, comme je suis incapable de renier ma signature, malgré qu'elle m'ait été arrachée par les souffrances physiques que j'éprouvais alors, et par vos pressants conseils, veuillez m'en adresser une seconde copie, conforme à celle que j'ai signée (l'addition que vous me désignez, étant une répétition complètement inutile, d'après ma manière de voir), et aussitôt je vous la renverrai de nouveau signée par moi.

Seulement, d'après les renseignements que j'ai pris, je dois vous avertir, Monsieur, que, dans les frais du procès payés par le sieur Leymarie, tous vos honoraires doivent être compris ; du moment que (contrairement à ce que vous m'avez dit dans votre étude) toute condamnation civile oblige le condamné à payer tous les honoraires de l'avoué de son adversaire. Cette condition, Monsieur, est *absolue* et *irrévocable* de ma part.

Après tout ce qui s'est passé jusqu'à ce jour, inutile de vous dire, Monsieur, que si sous huit jours, au plus tard, à partir d'aujourd'hui, cette affaire n'est pas définitivement réglée, comme je vous le désigne ci-dessus, je suis formellement décidé à vous demander le détail général de tous les frais du procès faits jusqu'à ce jour par votre intermédiaire, y compris celui de tous vos honoraires, afin que je puisse vous en acquitter le montant, en un mandat sur la poste, aussitôt que vous me l'aurez fait connaître. Aussitôt après, Monsieur, j'aurai l'honneur de vous prier et au besoin de vous sommer d'avoir à remettre à M. Clouvet, mon avocat consultant, *toutes* les pièces se rapportant à mon procès ; lesquelles pièces, il vous a confiées, il y a de cela plus de deux ans.

Veuillez agréer, Monsieur, mes respectueuses salutations.

Augustin BABIN.

Sept jours après avoir écrit notre lettre du 9 juillet 1884, nous avons reçu la réponse suivante, avec laquelle se trouvait une seconde copie de convention aussi défectueuse que la lettre elle-même, qui est celle-ci :

Paris, le 16 juillet 1884.

MONSIEUR,

Sans vouloir répondre à votre lettre dont je n'accepte ni les termes ni la teneur, je me borne à vous envoyer le double de la transaction. Veuillez la signer et me la renvoyer.

Recevez, Monsieur, mes civilités.

R. MARIN.

M. Babin, ancien Casino à Saint-Malo.

Nous avons, le 20 juillet 1884, fait la réponse suivante :

Ancien Casino de Saint-Malo, le 20 juillet 1884.

A Monsieur René Marin, avoué.

MONSIEUR,

J'ai reçu le 17 courant votre honorée du 16 juillet 1884, dans laquelle vous me dites ne pas vouloir répondre à ma précédente, dont vous n'acceptez ni les termes ni la teneur, etc. A une semblable réponse qui me paraît tout-à-fait extraordinaire de la part d'un avoué vis-à-vis de son client, je me permettrai de vous observer qu'un pareil *sans-gêne* me paraît peu convenable de votre part, et que certainement, après les termes *expresses* et *absolus* dont je me suis servi dans ma précédente, je ne comprends pas que vous ayez pu m'adresser une copie de convention absolument refusée par moi d'avance. Sans doute, Monsieur, en agissant ainsi, cela peut augmenter vos honoraires ; seulement, cette manière d'agir me paraît peu légale, et m'oblige à vous dire que *je renonce absolument à vous comme avoué, à partir de ce jour 20 juillet 1884.*

D'après cela, Monsieur, je me contenterai donc, conformément à ce que je vous dis à la fin de ma précédente, de vous prier d'avoir à me donner le détail général de tous vos honoraires, y compris les frais du procès, faits jusqu'à ce jour par votre intermédiaire, si vous le jugez à propos ; montant total que j'aurai l'honneur de vous adresser, en un mandat sur la poste, aussitôt que vous me l'aurez fait connaître.

Aujourd'hui même, Monsieur, j'écris à Monsieur mon avocat consultant, pour le prier de vous réclamer immédiatement les pièces se rapportant à mon procès ; lesquelles pièces il vous a confiées, il y a de cela plus de deux ans. Faute par vous d'obtempérer à cette réclamation, je le prie instamment de vous adresser, en mon nom, une sommation par huissier, d'avoir à lui remettre immédiatement les pièces en question.

Je vous salue,

Augustin BABIN.

Ce même jour, 20 juillet 1884, nous avons adressé à Mᵉ P. Clouvet, notre avocat consultant, une lettre en réponse à celle que lui-même à écrite le 17 juillet

1884, à M. Ch. Unsinger, notre imprimeur, qui nous l'a adressée, incluse avec *celle* qu'il nous a fait l'amitié de nous écrire, en réponse à la lettre que nous lui avions adressée quelques jours auparavant; tout en le priant de la communiquer à M. Clouvet, pour ce qui concernait notre décision nouvelle et définitive.

Lettre de Monsieur Clouvet à Monsieur Ch. Unsinger.

Paris, le 17 juillet 1884.

MON CHER MONSIEUR UNSINGER,

J'ai reçu la lettre de M. Babin que vous m'avez communiquée.

Lorsque j'ai donné, au début de l'affaire, le conseil de suivre la voie correctionnelle, je ne connaissais pas le reçu pour solde que votre ami a donné à M. Leymarie. Ce reçu doit donner tort à M. Babin à toutes les juridictions, civiles ou pénales. On a obtenu que, nonobstant cette quittance, l'adversaire payât 500 francs ; c'est un succès que l'on n'obtiendra pas en plaidant. Engagez donc fortement M. Babin à accepter la transaction et à encaisser les 500 francs qu'on a pu faire donner à l'adversaire.

Il n'y a pas d'autres conseils à donner aujourd'hui à Monsieur Babin.

Bien à vous et à Monsieur Kapp.   P. CLOUVET.

Quant à la lettre que M. Ch. Unsinger nous a fait l'honneur de nous écrire, elle est celle-ci :

Paris, le 18 juillet 1884.

MON CHER MONSIEUR BABIN,

Votre chère lettre du 14 courant, nous a vivement enchantés, en ce qui concerne votre santé.

Nous l'avons aussitôt communiquée à M. Clouvet, qui me répond ce matin par la lettre ci-jointe.

Acceptez donc, cher ami, cette transaction. M. Clouvet est d'un bon conseil et il connaît toutes ces affaires-là. S'il vous dit d'arrêter, c'est qu'il sait ou voit bien que cela tourne mal.

Enfin voilà des conseils d'amis désintéressés.

Affectueux dévouement.

CH. UNSINGER.

NOTA. — Vu le conseil qui nous est donné (tout fraternellement, nous en sommes convaincu), dans la lettre ci-dessus, nous n'avons pas jugé à propos de répondre, ne pouvant aucunement l'accepter ; ce dont, au surplus, Monsieur Ch. Unsinger, notre imprimeur, a eu certainement connaissance par l'intermédiaire de son ami intime, M. P. Clouvet. Naturellement, cela nous a mis dans l'obligation de faire composer, à Saint-Malo, notre présent écrit...

Maintenant, nous allons faire connaître la réponse que, le 20 juillet 1884, nous avons fait à la lettre que M. Clouvet a adressée à M. Ch. Unsinger, le 17 juillet 1884. Cette réponse est celle-ci :

Ancien Casino de Saint-Malo, le 20 juillet 1884.

A Monsieur P. Clouvet, avocat,

CHER MONSIEUR,

Hier matin, 19 du courant, j'ai reçu de Monsieur mon Imprimeur, une réponse à la lettre que je lui ai adressée le 14 du courant, et qu'il vous a communiquée ; plus la lettre que vous-même vous lui avez adressée, après avoir pris connaissance de la mienne.

Dans votre lettre, vous prétendez, Monsieur, *que lorsque vous m'avez donné, au début de l'affaire, le conseil de suivre la voie correctionnelle, vous ne connaissiez pas le reçu que j'ai donné à M. Leymarie.*

Je vous ferai remarquer que je suis on ne peut plus étonné que vous puissiez mettre en avant une observation semblable. Car je me rappelle parfaitement bien (quoi qu'il y ait de cela deux ans) vous avoir donné verbalement connaissance de la quittance absolue et générale en question, le premier jour que je suis allé vous voir, en compagnie de M. Kapp, en juin 1882 ; tout en vous faisant remarquer que cette dite quittance a été donnée par moi, parce que j'avais une entière confiance dans la *franche* et *loyale* exécution des conditions désignées dans notre *Résiliation.* Ce qui n'a pas eu lieu ; du moment que 525 exemplaires de ma *Collection générale* (qui doivent être tous reliés) m'ont été livrés en feuilles déposées chez M. Angel, relieur ; puis, ensuite, 525 exemplaires de mes *Notions d'astronomie* (qui auraient dû être brochés et reliés en partie), livrés également en feuilles déposées chez le brocheur.

Certainement, le sieur Leymarie, en m'adressant cette *Résiliation* signée par lui, *savait parfaitement bien qu'il commettait un faux en écriture privée ;* du moment qu'il ne pouvait pas ignorer que la remise de tous mes écrits, ne pouvait se faire dans les conditions désignées dans ladite *Résiliation.*

Il est possible, cher Monsieur, que depuis vous ayez changé d'avis ; seulement, vous avouerez que, franchement, vous faites connaître ce changement d'opinion beaucoup trop tard.

Tant qu'à moi, je vous ferai remarquer que mon avis est toujours le même, et loin d'arrêter cette affaire, je suis formellement décidé, au contraire, à la poursuivre en police correctionnelle, soit avec votre aide ou l'aide de toute autre personne.

J'aime à espérer, cher Monsieur, qu'après avoir pris connaissance de la présente, vous changerez complètement d'avis et reviendrez à votre avis primitivement adopté par vous, en juin 1882.

Veuillez agréer, cher Monsieur, mes respectueuses salutations et avoir l'obligeance de les présenter, en mon nom, à Messieurs Unsinger et Kapp, lorsque vous aurez le plaisir de les voir.

Augustin Babin.

Le lendemain, par le retour du courrier, nous avons reçu de M. P. Clouvet, en réponse à notre précédente, la lettre suivante, qui nous a décidé à renoncer à toute poursuite *judiciaire* contre Messieurs nos *ex-Editeurs* qui, d'après cela, auront le triste mérite de rester *détenteurs frauduleux* d'une somme importante, en faisant valoir une quittance obtenue à l'aide d'un faux en écriture privée ; ainsi que nous l'expliquons, tout au long, dans la lettre sus-désignée, écrite par nous à M. Clouvet, notre avocat consultant. Quant à sa réponse, elle a été celle-ci :

Paris, le 21 juillet 1884.

Monsieur Babin,

Je suis désolé pour vous que vous persistiez dans votre refus d'accepter la transaction que M. Marin avait obtenu de son confrère.

La voie correctionnelle que vous voulez suivre ne vous attirera que des ennuis, des pertes de temps, des frais et

7

ne vous procurera aucun résultat. La quittance absolue qui est entre les mains de l'adversaire vous fera perdre tous les procès civils ou correctionnels. Je n'ai, en vous parlant ainsi, aucun autre intérêt que le vôtre.

Mettez de côté, en philosophe, toutes les questions d'amour-propre et acceptez ce qui vous est offert.

Cet avis est celui de quelqu'un qui vous souhaite tout le bonheur que vous pouvez désirer.

Agréez mes sincères salutations.

P. CLOUVET.

Répondu par le retour du courrier, à la précédente, par la lettre suivante, terminant définitivement notre procès envers Messieurs nos *ex-Editeurs*, de triste mémoire.

Ancien Casino de Saint-Malo, le 22 juillet 1884.

A *Monsieur P. Clouvet, avocat.*

MONSIEUR,

Je viens de recevoir votre honoré du 21 courant, dans laquelle j'accepte vos observations concernant les ENNUIS que la voie correctionnelle est susceptible de me causer. Pour les éviter et en finir une fois pour toutes, *je prends l'engagement, sur l'honneur, de renoncer à toutes poursuites judiciaires quelconques.* La brochure que j'ai l'intention de faire paraître, suffira grandement pour me blanchir aux yeux de tous mes Lecteurs, concernant l'engagement que je prends ci-dessus...

D'après cela, veuillez donc, je vous prie, Monsieur, retirer ou faire retirer entièrement mon affaire du rôle qu'elle occupe à la 6e Chambre du Tribunal civil. Puis, ensuite, Monsieur, je compte essentiellement sur vous, pour me renvoyer d'ici la fin du présent mois, *toutes* les pièces de mon ex-procès, à partir de ce jour, que je vous ai confiées en juin 1882. Je le répète, Monsieur, je compte essentiellement sur vous, pour me faire cet envoi le plus tôt possible, en ayant un pressant besoin pour la composition de ma brochure sus-désignée.

Quant à la transaction dont vous me parlez, je la refuse, Monsieur, de la manière la plus absolue, comme étant déshonorante pour moi. Veuillez donc avoir l'obligeance de ne jamais m'en parler à l'avenir ; tous vos avis m'engageant à l'accepter, ne pouvant être considérés par moi (s'ils devaient se continuer), que comme des insultes complètement *imméritées*, et certainement des plus *injustes*. Quand ma conscience et mon honneur se trouvent engagés, pour moi, Monsieur, l'argent n'a absolument aucune valeur ; libre à Messieurs mes *ex-Editeurs* d'en agir autrement, c'est leur affaire. Quant aux honoraires de Monsieur mon ex-avoué, M. René Marin, veuillez je vous prie lui recommander de m'en adresser le montant le plus tôt possible, somme que je lui adresserai en un mandat sur la poste, par le retour du courrier, aussitôt qu'il me l'aura fait connaître.

J'ai l'honneur de vous saluer.

Augustin BABIN.

Le 23, reçu la lettre suivante de M. René Marin, y compris son mémoire, que nous désignons à la suite de ladite lettre, datée du 21 juillet.

Paris, le 21 juillet 1884.

MONSIEUR,

Je m'empresse de vous envoyer le compte de mes frais et honoraires que vous me demandez. Je vous préviens aussi que je rends à l'avoué de M. Leymarie les 500 francs que j'avais obtenus et que vous refusez.

J'ai l'honneur de vous saluer.

R. MARIN

Monsieur Babin.

Etat des frais dûs à M. René Marin, avoué, ayant occupé pour M. Babin contre M. Leymarie.

	fr.	c.
Sommation	7	55
Timbre et rédaction de la requête	4	20
Enregistrement de l'ordonnance	5	65
Assignation	10	25
Placet	2	00
Mise au rôle	2	20
Bulletin de distribution	0	10
Bulletin à l'audience	2	50
Deux bulletins d'exception	0	20
Bulletin de mise au rôle	0	10
Honoraires, correspondance, faux frais divers	25	00
Total	59	75

Le 23 juillet 1884, adressé à M. René Marin, la lettre ci-dessous, contenant un mandat sur la poste, de 59 fr. 75 cent.

Ancien Casino de Saint-Malo, le 23 juillet 1884.

MONSIEUR,

J'ai l'honneur de vous adresser en un mandat sur la poste 59 fr. 75 cent., montant intégral de tous les frais qui vous sont dûs, y compris vos honoraires.

J'ai l'honneur de vous saluer.

Augustin BABIN.

M. René Marin, avoué.

Le 25 juillet 1884, reçu la lettre suivante, de M. P. Clouvet, avocat consultant.

Paris, le 24 juillet 1884.

MONSIEUR BABIN,

Je ne veux pas me mettre en lutte avec vous au sujet de la transaction obtenue par M. Marin. Vous renoncez à recevoir les 500 fr. de M. Leymarie. Vous prenez à votre charge les frais que celui-ci consentait à payer. Je n'ai plus à discuter en présence des termes formels de votre lettre.

Mais puisque vous renoncez sagement à suivre sur votre demande, il va falloir, selon la loi, notifier votre désistement à l'adversaire. Je vais faire rédiger cet acte que je vous enverrai à signer. Vous le retournerez immédiatement et ce sera une affaire terminée, non pas au gré de vos conseils, mais selon votre désir.

Agréez, Mon cher Monsieur, mes sincères salutations.

P. CLOUVET.

Le jour même de la réception précédente, fait la réponse suivante :

Ancien Casino de Saint-Malo, le 25 juillet 1884.

A Monsieur P. Clouvet, avocat consultant.

MONSIEUR,

Je viens de recevoir votre lettre du 24 juillet, qui ne change absolument rien à la décision formelle et définitive que j'ai prise

Si, comme vous le dites, *la loi exige* que je signe un désistement quelconque, je suis tout disposé, Monsieur, à obéir à la loi et, par conséquent, à signer la notification dont vous me parlez.

Quant aux pièces de mon *ex-procès*, que je vous ai vivement réclamées, si je ne les ai pas reçues le 31 du courant, au plus tard, vous me mettrez dans la triste et déplorable obligation *(ce qui me sera excessivement pénible)* de charger un huissier de Saint-Malo, de vous les réclamer en mon nom.

J'ai l'honneur de vous saluer.

Augustin BABIN.

Le 28 juillet 1884, reçu les pièces se rapportant à mon *ex-procès*, et cela, sans lettre d'avis. Ce même jour, écrit la lettre suivante à M. P. Clouvet, avocat consultant.

Ancien Casino de Saint-Malo, le 28 juillet 1884.

A Monsieur P. Clouvet, avocat consultant.

MONSIEUR,

Ce jour 28 du courant, j'ai reçu (sans lettre d'avis) l'envoi que vous m'avez fait des pièces se rapportant à mon ex-procès ; pièces *incomplètes*, du moment qu'elles ne comprennent pas les *deux lettres* que j'ai eu l'honneur d'adresser à Messieurs mes ex-éditeurs, aussitôt que j'ai eu reçu la note de M. Ch. Unsinger, du 5 avril 1882, laquelle note m'a fait connaître la livraison *défectueuse* (d'après les *conditions formelles* désignées dans notre Résiliation du 20 mars 1882) de mes écrits, faite par Messieurs mes ex-éditeurs.

La *première* de ces deux lettres consistait purement et simplement à leur réclamer une somme qui m'était légitimement due, et puis, ensuite, la *seconde* consistait à leur renouveler cette juste réclamation, avec menace de poursuite judiciaire, si ma dite réclamation était refusée par eux. Ce qui, en effet, a eu lieu, lors de ma présence à Paris, en juin 1882, par votre intermédiaire et celui de M. René Marin, avoué, rue de Rivoli, 196.

Ces deux lettres, Monsieur, étaient les deux pièces les plus importantes se rapportant à mon procès, et celles sur lesquelles devait principalement s'appuyer mon avocat plaideur. D'après cela, vous devez comprendre qu'il est absolument regrettable qu'elles ne figurent pas dans votre envoi. Cela, forcément, m'obligera à laisser une *lacune* regrettable dans la brochure dont je vous ai plusieurs fois parlé, ainsi qu'à M. René Marin, lors de mon dernier voyage à Paris ; *lacune* que tous mes Lecteurs sauront parfaitement bien apprécier à sa juste valeur. .

J'ai l'honneur de vous saluer.

Augustin BABIN.

Le 30 juillet 1884, reçu de M. P. Clouvet la lettre suivante, contenant l'acte de désistement désigné dans sa lettre du 24 juillet courant ; lettre m'annonçant l'envoi dudit acte et répondant extraordinairement à ma précédente du 28 courant, ainsi que vous allez pouvoir en juger par vous-mêmes, bien aimés Lecteurs.

Paris, le 30 juillet 1884.

MONSIEUR BABIN,

Je vous envoie l'acte de désistement dont je vous ai parlé. Veuillez le signer en ayant soin de mettre au-dessus de votre signature : Bon pour désistement. Puis vous me le retournerez aussitôt, pour que je le donne à M. Marin qui devra le signifier à l'adversaire.

Je vous ai envoyé par lettre chargée tout ce que vous m'aviez remis pour votre procès contre M. Leymarie. En m'accusant réception de ces pièces par votre lettre du 28 de ce mois, vous me dites qu'il vous manque deux lettres que vous avez adressées à vos ex-éditeurs. Vous pensez bien que ces Messieurs ne peuvent se dessaisir de la correspondance qui leur est adressée. Je n'ai pas eu l'idée de la leur réclamer. Ces pièces leur appartiennent, comme vous appartiennent à vous seul, les lettres qu'ils vous ont écrites.

Agréez, Monsieur, mes sincères salutations.

P. CLOÜVET.

Copie conforme de l'acte de désistement dont fait mention la lettre ci-dessus.

ACTE DE DÉSISTEMENT

Je soussigné Augustin Babin, homme de lettres, demeurant à l'ancien Casino de Saint-Malo (Ille-et-Vilaine), déclare par ces présentes me désister purement et simplement tant de la demande formée à ma requête suivant exploit de Gillet, huissier à Paris, en date du huit juin mil huit cent quatre-vingt-deux, enregistré, en paiement d'une somme de mille vingt-cinq francs avec les intérêts de droit contre M. Pierre-Gaétan Leymarie, administrateur gérant de la librairie spirite, demeurant à Paris, rue des Petits, n° 5, que de toute la procédure qui a suivi ladite demande.

Saint-Malo, le trente-un juillet mil huit cent quatre-vingt-quatre.

Bon pour désistement,

Augustin BABIN.

Le 31 juillet, fait la réponse suivante :

Ancien Casino de Saint-Malo, le 31 juillet 1884.

MONSIEUR P. CLOUVET,

Venant de recevoir, à l'instant, votre honorée du 30 juillet 1884, contenant l'acte de désistement dont vous m'avez parlé dans votre précédente, je m'empresse de vous renvoyer aujourd'hui même ce dit acte signé par moi.

Quant aux lettres dont je vous ai parlé dans ma précédente, vous devez comprendre, Monsieur, qu'elles ne peuvent pas être *celles* que j'ai adressées à Messieurs mes ex-éditeurs, mais bien une copie de ces deux lettres, la seule copie existante. Au surplus, Monsieur, cette perte est à peu près insignifiante pour moi.

Agréez, Monsieur, mes sincères salutations.

Augustin BABIN.

(P. S.) — Quant aux 150 francs que je vous ai compté le 22 mai 1882, s'ils font plus que suffire pour payer vos frais et vos honoraires, je vous prie, Monsieur, de donner le surplus à M. Ch. Unsinger, mon imprimeur, à qui je dois une somme de 590 francs 70 centimes, payable du 15 au 20 août 1884.

V. T. D.
A. B.

Reçu la réponse suivante, datée du 1er août 1884 : laquelle n'est pas moins curieuse que la précédente, en admettant encore des suppositions impossibles.

Paris, le 1er août 1884.

MONSIEUR BABIN,

Je ne pouvais me douter qu'il s'agit de copies de lettres

dont vous avez les minutes. Je vous envoie donc ci-inclus, selon votre désir, tout ce que j'avais conservé de votre dossier excepté, bien entendu, les lettres qui m'ont été adressées à moi personnellement.

Je remets aujourd'hui à M. Marin le désistement que vous avez signé.

Je conserve sur la provision que vous m'avez donnée cent francs pour mes vacations et honoraires et je remets aujourd'hui même cinquante francs à M. Unsinger, selon vos intentions.

Agréez l'expression de tous mes regrets de n'avoir pas pu vous faire accepter une transaction aussi équitable qu'honorable, telle qu'elle avait été préparée par M. Marin, et mes sincères salutations.

P. Clouvet.

Nota. — Les deux lettres réclamées par nous, que leur réception tardive nous a empêché de faire figurer à la page 62 de cette notice biographique (place qu'elles devraient occuper), sont les deux suivantes :

Ancien Casino de Saint-Malo (Ille-et-Vilaine), le 10 avril 1884.

A Messieurs mes ex-éditeurs de la rue Neuve-des-Petits-Champs, N° 5, à Paris

Messieurs,

La note détaillée (1) que M. Ch. Unsinger, mon imprimeur, a eu l'obligeance de m'adresser, m'apprend (ce qui m'a extrêmement surpris) que 650 exemplaires de la

---

(1) Voir cette note à la page 61 de ce présent écrit.

collection générale se trouvent en feuilles chez M. Engel, et puis 630 exemplaires des Notions d'astronomie (également en feuilles) chez M. Madoux.

Je vous ferai remarquer, Messieurs, que nos conditions formellement établies dans notre *résiliation* du 20 mars dernier, sont que vous devez me remettre tous mes écrits, quels qu'ils soient, *brochés* et *reliés*. De plus, notre acte notarié du 2 août 1879, mentionne que tous les exemplaires de la *Collection générale* devront être reliés. D'après cela c'est donc le *prix intégral* de la reliure des 650 exemplaires de ladite Collection générale dont vous m'êtes redevable, plus le *prix intégral* de la brochure (le nombre des exemplaires à relier n'ayant pas été désigné dans notre acte notarié sus-nommé, pour les volumes séparés) des 630 exemplaires des *Notions d'astronomie*, dont vous m'êtes également redevables.

Je crois, Messieurs, en vous faisant cette réclamation, être complètement dans mon droit et d'accord avec la justice la plus scrupuleuse. Veuillez, je vous prie (sous huitaine au plus tard), avoir l'obligeance de me dire, si telle est également votre opinion ; tout autre contraire ne pouvant qu'être absolument *injuste* et *immorale,* et, de plus encore, tout-à-fait opposée au *droit absolu* que je prétends m'appartenir ; ce qu'il me serait facile de prouver, si cela devenait malheureusement nécessaire. J'aime à espérer, Messieurs, que vous m'éviterez le *pénible* désagrément d'avoir recours à cette extrémité ; d'autant mieux que mes moyens de défense, en cette circonstance, sont *nombreux* et *valables,* soyez-en persuadés.

J'ai l'honneur de vous saluer.

Augustin BABIN.

Ancien Casino de Saint-Malo, le 20 avril 1882.

A Messieurs mes ex-éditeurs de la rue Neuve des Petits-Champs, 5, à Paris.

Messieurs,

Le 10 du courant, j'ai eu l'honneur de vous écrire une lettre très importante dans laquelle je vous fais une réclamation absolument *juste* et *rationnelle*, vous priant de me répondre sous huitaine au plus tard. Nous sommes aujourd'hui le 20 courant, il y a donc dix jours de cela. Je dois alors, Messieurs, supposer que vous *refusez* d'accéder à ma réclamation absolument *juste* et *rationnelle*, je le répète. Dans ce cas, je crois qu'il est de mon devoir de vous annoncer que le prochain avis que vous recevrez, vous sera *légalement* donné, autrement dit donné par la personne qu'on charge habituellement de cette mission, en pareil cas. Seulement, en ma qualité de *spirite sincère*, je me fais un devoir obligatoire de vous avertir que le différend qui nous divise actuellement est excessivement *grave;* car la justice, assurément, pourra y voir un véritable *guet-apens*, du moins je le crains énormément pour vous tous, Messieurs, et surtout pour votre société qui a énormément perdu de sa *blancheur immaculée* depuis le départ du Maître, et qui, dans cette triste circonstance, pourrait bien, hélas ! se déshonorer tout-à-fait.

Quant à la somme que je vous réclame (la malheureuse position pécuniaire dans laquelle m'a mis votre conduite peu fraternelle à mon égard, me forçant d'en agir ainsi), elle se compose : 1° de la reliure des 650 exemplaires de la *Collection générale* qui, à 1 fr. 50 cent. l'exemplaire, égale 975 francs ; 2° de la valeur de la brochure des 630 exemplaires des *Notions d'astronomie*, valeur minime que je ne puis vous désigner, mais que vous devez parfaitement connaître. Envoyez-moi, par l'intermédiaire de la *Société générale* (laquelle a une succursale à Saint-Malo), le total de ces deux sommes qui me sont légitimement dues, ainsi que je vous l'ai expliqué dans ma précédente, et alors tout compte *régulier* sera définitivement réglé entre nous. Dans le cas contraire, Messieurs, la justice en décidera...

J'ai l'honneur de vous saluer.

Augustin BABIN.

Le 3 août 1884, fait, à la lettre de M. P. Clouvet. datée du 1er août, la réponse suivante :

Ancien Casino de Saint-Malo, le 3 août 1884.

A Monsieur P. Clouvet, avocat.

MONSIEUR,

J'ai l'honneur de vous accuser réception de votre honorée du 1er août 1884, contenant les copies de lettres que vous avez cru pouvoir extraire de mon dossier, pensant que j'en avais les minutes ; ce qui, je l'affirme, n'existe pas ; car, dans le cas contraire, certainement je ne vous les aurais pas réclamées. Quant aux lettres qui, par moi, vous ont été adressées personnellement, je vous prie de croire, Monsieur, que jamais je n'ai eu l'idée de vous les réclamer, n'en n'ayant, du reste, aucunement besoin.

Je vous remercie, Monsieur, d'avoir accédé à ma demande concernant les 150 francs que je vous ai compté le 22 mai 1882, en remettant à M. Ch. Unsinger, mon imprimeur, les 50 francs qui se sont trouvés excéder vos frais et vos honoraires, que vous estimez 100 francs. Quant au reçu que vous m'avez donné en mai 1882, des 150 francs en question, je vous l'adresse inclus dans la présente.

Quant aux regrets que vous témoignez de n'avoir pas pu me faire accepter la transaction obtenue par M. Marin, de nouveau, je vous ferai remarquer, Monsieur, que, n'ayant réclamé que ce qui m'était légitimement dû, ma conscience et mon honneur m'ont fait un devoir de la refuser absolument ; car, dans le cas contraire, j'aurais pu passer pour avoir voulu *voler* Messieurs mes ex-éditeurs ; ce que j'ai voulu éviter absolument, en faisant le sacrifice que j'ai fait et que j'aurais également fait, quand bien même il aurait été beaucoup plus fort. Comme je vous l'ai dit, Monsieur, dans une de mes précédentes, *je tiens plus à l'honneur qu'à l'argent,*

Veuillez agréer mes respectueuses salutations,

Augustin BABIN.

Nous allons maintenant, chers Lecteurs, terminer la présente NOTICE BIOGRAPHIQUE par l'avis suivant, adressé à tous *ceux* de nos lecteurs qui (comme nous) estiment infiniment plus l'honneur que l'argent, dût-on en éprouver de grandes privations sensuelles et matérielles. Cet avis, que nous avons jugé à propos de mettre en vers, dans l'espérance de lui donner plus de valeur à vos yeux, fait parfaitement comprendre l'extrême différence qui existe entre la manière de voir de M. P. Clouvet et la nôtre.

AVIS A NOS LECTEURS

A vous tous nous donnons cet avis, chers Lecteurs ;
Si quelqu'un vous redoit, tout compte fait d'ailleurs,
Une somme d'argent légitimement due
Et que vous réclamez dans ce sens au surplus,
Adressez-vous à notre avocat consultant.
Puis, restez tranquilles ; car, positivement,
Vous êtes assurés d'encaisser la moitié,
Par un arrangement qui vous fera pitié.
Ce qui n'empêchera qu'il vous dira sans rire :
Que du plus désastreux, il a pris le moins pire ;
Car votre cause était primitivement bonne,
Et puis, en vieillissant, est devenue horrible ;
Au point de ne plus être approuvée par personne
De toute justice assurément possible.
Acceptez son avis, et puis vous pourrez dire :
La moitié est sauvé, enfin pour en finir ;
Quant à l'autre moitié, peut-être dira-t-on,
Que vouloir la *coler*, c'était notre intention ?
Bah ! vous répondra-t-il, vous sauvez la moitié,
Ce qui, assurément, était le plus pressé.
Dut l'honneur en souffrir, qui, dans un pareil cas,
Est chose secondaire et puis n'existe pas.
— A vous seul appartient le droit, ami Lecteur,
D'un semblable conseil d'apprécier la valeur.

Lequel susdit conseil a été estimé quatre-vingts
francs, au moins, prix fort peu modéré ?

Augustin BABIN.

Fin de cette Notice biographique.

ERRATA

—

Page 65, *ligne* 24 : il y a aussi ; *lisez* : il y a ainsi.
Page 82, *ligne* 23 : auraient-ils été ; *lisez* : auraient été.

TABLE DES MATIÈRES

Pages

Fin de la Table des Matières.

Saint-Malo. — Imprimerie J. HAIZE.

www.ingramcontent.com/pod-product-compliance
Lightning Source LLC
LaVergne TN
LVHW021449170726
843501LV00005B/1567